Crea
INFLUENCIA

10 Maneras de Impactar y Guiar a Otros

KEITH Y TOM "BIG AL" SCHREITER

Publicado por Fortune Network Publishing

PO Box 890084
Houston, TX 77289 Estados Unidos
Teléfono: +1 (281) 280-9800

BigAlBooks.com

ISBN-13: 978-1-948197-46-5

ISBN-10: 1-948197-46-4

CONTENIDOS

Viajo por el mundo más de 240 días al año.
Envíame un correo si quisieras que hiciera
un taller "en vivo" en tu área.

→ BigAlSeminars.com ←

¡OBSEQUIO GRATIS!

¡Descarga ya tu libro gratuito!

Perfecto para nuevos distribuidores. Perfecto para
distribuidores actuales que quieren aprender más.

→ BigAlBooks.com/freespanish ←

Otros geniales libros de Big Al están disponibles en:

→ BigAlBooks.com/spanish ←

PREFACIO

¿Quieres cambiar el mundo? ¿O por lo menos ser escuchado? Nadie desea ser una nota al pie en la vida de otras personas. Queremos marcar la diferencia.

¿Cómo se siente cuando somos ignorados? ¿Cuando no nos respetan? ¿Cuando no nos toman en serio? Es frustrante, por que sabemos que podríamos contribuir a las conversaciones. Queremos ser reconocidos. Y queremos tener influencia para que nuestras contribuciones cuenten.

Si no nacimos en una familia Real o no somos estrellas de cine, entonces, ¿cómo conseguimos la influencia que necesitamos para que nuestra voz importe? La construimos un paso a la vez.

Este libro contiene diez maneras simples y fáciles para obtener influencia inmediata. Todos pueden realizar estos pasos. Sólo debemos elegir comenzar.

Preparémonos para hacer la diferencia creando influencia.

INFLUENCIA Y EL VIAJE EN LA CANOA DEL TERROR.

Juan Pérez era un don nadie. Era invisible en su trabajo. Sus amigos no lo respetaban. Pocas personas lo miraban cuando se aventuraba en público.

No había nada malo con Juan. Era un buen tipo, pero se camuflaba con las paredes. Nadie pensaba mucho en él. Nadie notaba cuando hablaba.

Como la mayoría de nosotros, Juan quería compartir sus sueños e ideas para cambiar las vidas de los demás. Pero para hacer eso, tendría que darse a respetar y poseer la habilidad de tener influencia con los demás.

Sentirnos invisibles es uno de los peores sentimientos que podemos tener. Todo mundo quiere tener influencia. Pocos sabemos cómo obtenerla.

¿Qué significa la influencia realmente?

La influencia puede tener muchas definiciones. Pero por ahora, digamos que la influencia significa que los demás confían y creen en nosotros, **además**… quieren tomar acción en lo que decimos.

Aquí hay un ejemplo de alguien con influencia.

Una doctora se emociona por invertir en bienes raíces. Levanta el teléfono, llama a sus amistades y dice: –Creo que los bienes raíces son una buena inversión para nosotros ahora. ¿Te gustaría involucrarte en bienes raíces conmigo?–

¿La respuesta de sus amistades?

–Por supuesto. Aquí está mi tarjeta de crédito. ¡Hagámoslo!–

Esta respuesta vino antes de cualquier explicación sobre las futuras inversiones en bienes raíces. ¿Por qué las amistades de esta doctora respondieron así?

Por que la doctora tiene influencia.

¡Pero espera! Esta doctora no tiene experiencia previa sobre inversiones. Esta doctora no sabe nada sobre el mercado inmobiliario.

Hay muchos otros profesionales en bienes raíces, agentes, e inversionistas con mucha más experiencia y conocimiento. Sin embargo, si estos profesionales en bienes raíces llaman a esas mismas amistades, nadie quiere invertir. Sus amistades cuestionarían a los profesionales sobre los detalles, la seguridad, y sus preocupaciones.

Entonces, ¿qué fue diferente con la doctora?

Los amigos de la doctora confían en ella. Un curioso programa toma el control de las mentes humanas. Sus amigos saben que la doctora tiene altos niveles de experiencia en medicina. La doctora les dio consejo directamente sobre su salud. Debido a que la doctora es una experta de alto nivel en la salud, ellos automáticamente le dieron su confianza y creencia en todas las demás áreas. Hablaremos más sobre este programa después.

La afinidad significa que nuestros prospectos pueden confiar y creer en lo que decimos.

La influencia es mucho más.

La influencia significa que nuestros prospectos no sólo creen y confían en nosotros, sino que también respetan lo que decimos. Y toman acción sobre lo que decimos.

La maestra asistente.

La maestra asistente ha estado en la comunidad por 40 años. Aún así, no tiene influencia. Sí, tiene afinidad con las personas con las que habla. Tiene su confianza. Pero debido a que no es una experta en una área que respetan, ella no tiene la influencia necesaria para hacer que las personas actúen.

La experiencia hace que la influencia sea mucho más fácil.

Cuando alguien tiene influencia, tendemos a no cuestionar el futuro. Sentimos que el futuro que describen estará bien.

El viaje en la canoa del terror.

Cuando salí de la escuela, me hice empleado en una gran oficina. La persona a mi lado siempre tenía ideas nuevas. Era la primera persona en probar algo nuevo. Llegaba a la oficina con las últimas ideas para la salud, recreación, y lugares para visitar durante las vacaciones. Todos lo respetaban por que tomaba el mando y era el primero en ofrecerse como voluntario para cualquier proyecto.

Un día vino al trabajo y dijo: –Este sábado habrá una carrera de canoas en el río Des Plaines. Podría ser una salida en grupo divertida.–

Todos, incluyéndome, respondieron: –Sí, hagámoslo.–

Estábamos de acuerdo en que esto sería una aventura que reviviríamos al lado de la cafetera durante toda la semana siguiente. Nuestro hombre de influencia preparó la renta de las canoas. Todo lo que teníamos que hacer era aparecer.

Ahora, ¿alguno de nosotros había estado sobre una canoa antes? No. ¿Pero por qué preocuparnos? Él nos dijo que esta carrera de canoas de 42 kilómetros sería fácil. No teníamos que salir victoriosos. Sólo participar y divertirnos. ¿Qué tan difícil podría ser? Dos personas en canoa, yendo con la corriente del río, ¿qué podría salir mal? Y para hacer las cosas todavía más fáciles, esto era en el inicio de la primavera cuando el río se inundaba con nieve derretida y la corriente sería extra rápida. Nosotros simplemente nos deslizaríamos corriente abajo en este veloz río.

¡¿Pero qué estábamos pensando?!

Obviamente, no estábamos pensando. Con nuestra confianza reforzada con cerveza, muchos de nosotros caímos de la canoa en un instante. El agua estaba helada. ¿Trabajo en equipo? Dos remeros en una canoa sin balance.

¿Qué podría salir mal? Todo.

Debido a que el río estaba sobrecargado, no podíamos guiar la canoa. Las aguas rápidas nos llevaron contra árboles, presas de cemento, otras canoas… éramos un desastre a flote.

Los chalecos salvavidas previnieron la tragedia. Después de varias experiencias cercanas a la muerte, terminamos la carrera oliendo a las aguas revueltas del río Des Plaines. Congelados, apestosos, exhaustos… ¡qué gran paseo!

El lunes por la mañana, nos reunimos de pie junto a la cafetera y revivimos nuestras experiencias donde casi morimos. ¿Y adivina qué?

No podíamos esperar por la próxima sugerencia de nuestro hombre de influencia en la oficina.

Queremos ser personas de influencia.

No queremos ser como Juan Pérez. Queremos marcar la diferencia. Queremos tocar las vidas de las otras personas.

Imagina nuestras vidas como personas de influencia para otros. Compartimos nuestras mejores ideas, y ellos dicen, "¡Sí! ¡Hagámoslo!"

Esto no tiene por qué ser sólo un sueño. Podemos comenzar a construir nuestra influencia ahora.

¿Pero cómo obtenemos el respeto y la influencia?

Antes de que podamos conseguir influencia, debemos de crear afinidad. La afinidad significa que otros creen y confían en nosotros. Ellos aceptan que lo que decimos es verdad. Si tenemos que defender cada oración que decimos, nunca llegaremos a la fase de influencia con otros.

Sí, la afinidad viene primero. Luego podemos construir nuestra influencia sobre los sólidos cimientos de la creencia y la confianza.

Así que, vamos primero a revisar algunas habilidades básicas de afinidad.

CONSIGUE AFINIDAD PRIMERO.

Primero, unos pocos ejemplos de personas que tienen afinidad con nosotros. Confiamos en ellos y creemos que lo que dicen es verdad.

Vivimos en una comunidad rural. Otro granjero, a quien todos conocen por ser honesto, expresa su opinión. Nosotros aceptamos lo que dice esta persona como la verdad. Su historial en nuestra comunidad hace fácil creerle, en lugar de dudar de lo que dice.

Nuestro técnico en reparaciones ha atendido nuestros electrodomésticos por 30 años. Cuando nos cuenta sus experiencias, creemos que las experiencias son verdaderas. No pensamos que nos mentiría o que quiere sacar ventaja de nosotros. Él tiene afinidad cuando habla con nosotros.

La partera de la comunidad tiene afinidad instantánea. La escuchamos y ponemos atención a su punto de vista. No hay razón para esperar que ella tenga algunos planes siniestros detrás de sus afirmaciones.

¿Qué tal si vivimos en un área metropolitana? Preguntémonos: ¿en quién creemos y confiamos?

El crítico de restaurantes que nos dice cuáles restaurantes sirven la mejor versión de nuestra comida favorita.

El guardia de seguridad en nuestro edificio de departamentos que nos cuenta los últimos casos.

Nuestro amigo de ejercicios que nos habla de los alimentos más saludables para comer.

¿Por qué estas personas tienen afinidad con nosotros? Obviamente, su historial ayuda. Con el tiempo hemos aprendido a confiar y creer en lo que dicen.

¿Pero qué tal si no tenemos un historial?

¿Qué tal si conocemos personas nuevas? ¿Qué podemos hacer para aumentar nuestras posibilidades de crear afinidad?

Incluso con desconocidos, queremos que confíen y crean en lo que decimos.

Aquí hay algunos atajos que nos ayudarán a rápidamente crear afinidad con los demás.

#1. Sonríe.

Cuando sonreímos, las personas quieren creer y confiar en lo que decimos. Este es un programa que está firmemente instalado casi desde que nacemos.

Un pequeño bebé duerme en su cuna. Con sólo seis semanas de edad, el bebé no puede darse vuelta, hablar, ni procesar este mundo nuevo. Un adulto se acerca a la cuna y mira al bebé. Para obtener la confianza del bebé, ¿qué es lo que hace el adulto?

Sonríe.

¿Y cómo responde el bebé? Con una sonrisa.

De algún modo, con sólo seis semanas de edad, los bebés se dan cuenta de que una sonrisa significa amistad, y que están seguros. Este adulto no tiene intenciones siniestras.

Así que cuando sonreímos, las personas naturalmente quieren creer y confiar en lo que decimos.

Ahora, ¿este programa siempre es correcto? ¡Por supuesto que no!

Los políticos sonríen. Los estafadores con malas intenciones sonríen. Aún así nadie cuestiona este programa.

Si alguien sonríe, no significa que lo que dicen pueda ser creíble o confiable. Sin embargo, como humanos, tomamos atajos. Y nuestro atajo programado es, "Si alguien sonríe, podemos confiar en esa persona."

¿Ridículo? Sí.

¿Verídico? Sí.

Así que, si queremos construir afinidad con otras personas, sonreír ayuda.

¿Pero qué tal si somos una persona que no siempre sonríe?

Es hora de aprender. Si vamos a conocer nuevos individuos con una expresión seria, estamos poniendo un obstáculo a nuestras posibilidades de crear afinidad. Sonreír no es tan difícil de todas formas. Toma 13 músculos en el lado izquierdo de nuestro rostro, 13 músculos del lado derecho, tal vez mostrar un poco los dientes, y tratar de ser sinceros.

Pruébalo. Funciona.

¿Pero qué tal si hablamos de datos con un contador? Aún funciona. ¿Qué tal si hablamos de ciencia dura con un ingeniero? Aún así funciona. Nuestras posibilidades de una afinidad exitosa se incrementan cada vez que sonreímos. Los humanos reaccionan predeciblemente a las sonrisas.

Si nuestra sonrisa es sincera, los demás pueden notarlo. Si nuestra sonrisa no es sincera, los demás pueden notarlo también. Los humanos leen el lenguaje corporal y las expresiones faciales. Si nuestras intenciones son sinceras, se notarán a través de nuestra sonrisa. Las sonrisas sinceras funcionan.

#2. Decirle a los demás hechos que ya creen.

Cuando le decimos a los demás hechos que ya creen, significa que somos inteligentes, tal como ellos. Ellos piensan que somos genios como ellos, con gran agudeza respecto al mundo.

Todos tienen un punto de vista. Cuando estamos de acuerdo con su punto de vista, piensan, "Hey, tú piensas como yo. Como colega genio, ves el mundo desde la misma perspectiva. Como vemos los hechos desde la misma perspectiva, tomaremos las mismas conclusiones. Así que, lo que digas se alineará perfectamente con mis creencias. Puedo confiar y creer en lo que digas a continuación."

Si comenzamos nuestras conversaciones con personas señalando nuestras diferencias, perderemos. Esto levanta barreras de incredulidad y escepticismo. Ahora estas personas censurarán críticamente nuestra conversación. Nunca entraremos en afinidad, mucho menos lograremos la influencia, si comenzamos con el pie equivocado.

Por ejemplo, ¿cómo reaccionará un desconocido si comenzamos nuestra conversación con críticas o señalando sus errores?

El desconocido pensará, "Rayos. Ya estás equivocado. Yo no tengo fallas. ¿Y cómo te atreves a criticar lo que hice? No conoces las circunstancias. No me conoces. Eres un… idiota. ¡Estoy seguro que estarás equivocado en todo lo que digas!"

Con los desconocidos, debemos definitivamente comenzar nuestras conversaciones con algo en lo que estén de acuerdo.

Imagina esto: estamos parados en una esquina durante un caluroso día de verano. Un desconocido está cerca, también espera para cruzar la calle. Para comenzar una conversación con afinidad, ¿qué le diríamos? Podríamos comenzar diciendo, "Qué calor hace hoy." Con una gota de sudor rodando sobre su frente, el desconocido podría responder, "Sí, claro que hace calor hoy." Comenzamos con este hecho de conocimiento común de manera natural.

¿Lo contrario de crear afinidad? Si queremos comenzar una conversación con el extraño y **no** crear afinidad, podríamos comenzar diciendo, "Los Demócratas son más listos que los Republicanos." ¡Auch!

Ahora sólo tenemos una probabilidad del 50% de tener afinidad con este individuo. Si es partidario de los Demócratas, sí, tenemos afinidad. Pero si este individuo es partidario de los Republicanos, nuestra credibilidad, nuestra afinidad, y nuestra futura influencia se han esfumado.

El sentido común nos dice que comencemos las conversaciones estando de acuerdo para establecer afinidad. Sabemos esto por naturaleza. Pero antes de que hablemos con desconocidos, es una buena práctica recordar esta regla. Estar de acuerdo pronto, ayuda a crear afinidad.

Las personas sienten un lazo cuando tienen elementos y experiencias comunes. Tendemos a sentir agrado hacia personas que son más como nosotros, y desconfiamos de las personas que son menos como nosotros.

Imagina que somos de Estados Unidos, y decidimos ir a la India.

Más de un billón de personas nos rodean en la India, y conocemos a una persona de los Estados Unidos. Instantáneamente sentimos afinidad debido a que tenemos algo en común. Nuestra conversación podría sonar algo como esto, "¿De dónde eres?" El desconocido responde, "Soy de Florida." Nosotros respondemos diciendo, "Yo soy de California. ¡Somos vecinos!"

Cuando todos a nuestro alrededor son diferentes, nos estiramos para encontrar puntos en común. Nos sentimos mejor cuando tenemos lazos en común con otros.

Aquí hay algunos ejemplos de lo que podríamos decir para construir afinidad temprano durante nuestras conversaciones.

"Veo que te gustan los gatos también."

"Parece que el clima de los negocios en nuestra área está en camino a una recesión."

"Amo a ese equipo. ¿Desde cuando eres fan?"

"¡Eso fue espectacular!"

"Esto está delicioso."

"Probablemente te estás preguntando, ¿cuánto tardará esto?"

"Queremos más dinero en nuestras vidas."

"Es difícil encontrar el verdadero amor en esta disco."

"¡Los fines de semana están hechos para las fiestas!"

"Los lunes son el peor día de la semana."

"Merecemos más vacaciones en nuestras vidas."

"También tengo hambre. ¿Dónde deberíamos comer algo?"

"Necesitamos esto, pero tenemos que estar dentro del presupuesto."

"Este proyecto es importante, pero necesitamos más tiempo."

"Es divertido ver a nuestros niños jugar."

No es difícil encontrar hechos con los que podamos estar de acuerdo con los desconocidos.

Si necesitamos más ejemplos, podríamos escuchar los discursos de las campañas. Los políticos crean afinidad con sus seguidores al mencionar hechos que sus partidarios creen. El político podría decir,

"Queremos menos impuestos. Y queremos mantener los valores de nuestro país. Vamos a hacer que el gobierno tenga integridad."

Y los seguidores gritan, "¡Sí! ¡Aquí están nuestras donaciones para tu campaña!"

Crear afinidad con los demás está dentro de nuestro control.

Pero sólo estamos comenzando. Hagamos que nuestra afinidad sea aún mejor.

AFINIDAD MÁS PROFUNDA.

¿Se necesita la afinidad para tener influencia con otros?

Sí. Puede haber raras excepciones. Pero, ¿por qué arriesgarnos de arruinar nuestras posibilidades de tener influencia?

Cuando tenemos afinidad como base, es fácil dar el siguiente paso hacia la influencia. Así que, veamos más formas de crear afinidad con las personas con quienes buscamos tener influencia.

#3. Un hecho, otro hecho, y luego nuestra idea nueva.

Cuando le decimos a las personas dos hechos seguidos, sus cerebros quieren aceptar nuestras futuras afirmaciones como ciertas, sin juzgarlas.

Los cerebros humanos tienen poco poder. Podemos conscientemente juzgar sólo una cosa a la vez. ¡Es todo!

Cuando le decimos a las personas un hecho, ellos piensan, "Sí, creo que ese hecho es verídico." Y cuando les decimos otro hecho, ellos piensan, "Sí, creo que ese hecho también es verídico. Esos son dos hechos seguidos, y ambos son verdad. Eres una fuente confiable. No necesito juzgar lo que dices. Déjame usar mi limitado poder cerebral en algo más en mi vida. Puedo aceptar lo que dices como verdadero en el futuro."

Despúes de dos hechos, casi colocamos a las personas bajo un profundo trance hipnótico. Ellos quieren aceptar lo que decimos como verdad, siempre y cuando sea razonable. Como seres humanos, constantemente confiamos en atajos para sobrevivir. No podemos mantener un pensamiento crítico para cada fragmento que entra a nuestro cerebro. Debemos ser selectivos. Conscientemente sólo podemos prestar atención a una sola cosa a la vez.

Hagamos un ejemplo de usar dos hechos verídicos, y luego introducir nuestra idea nueva que queremos que las personas crean.

"Ni una nube en el cielo. Un día muy bello. Pienso que disfrutaremos este día." Dos hechos, y luego predecimos que disfrutaremos este día. Las personas a quienes decimos esto querrán aceptar "Disfrutaremos este día" como verdad. Muy simple.

Si queremos hacer que una afirmación nueva y razonable entre al cerebro de las personas, debemos mencionar dos hechos seguidos. Y luego, presentar la nueva afirmación. Hagamos más ejemplos.

"El aperitivo fue excelente. Y esta comida es deliciosa. Apuesto que el postre será asombroso."

"Tu negocio necesita de esta herramienta. Pero tienes que estar dentro del presupuesto. Esta herramienta encaja fácilmente dentro de tu presupuesto anual."

"Nuestros niños merecen una mejor educación. Y, los resultados de otras escuelas demuestran que este programa de lectura funciona. Tiene sentido que adoptemos esto de inmediato."

"El fin de semana se acerca. Queremos algo de diversión. Esta carrera de canoas luce como una buena actividad para nosotros." (Sí, yo caí con ésta. Pero haciendo memoria, sí me divertí mucho y los recuerdos durarán por siempre.)

"Nuestro jefe es un tarado. Nunca nos escucha. Deberíamos comenzar nuestro propio negocio y ser nuestro propio jefe."

"Las cosas son muy caras hoy en día. Nuestro sueldo no es suficiente. Deberíamos buscar nuevas maneras de ganar más dinero para nuestras familias."

"A los 40, nuestra piel comienza a arrugarse. Y, nuestro rostro es nuestra primera mejor impresión. Vamos a probar algo nuevo que retrase el envejecimiento de nuestra piel."

"Estamos orgullosos de nuestro país. Queremos mantener los valores de nuestra nación. Voten por mí para que les pueda ayudar a conservar estos valores en su lugar." (Esto suena como el discurso de todos los políticos.)

"El fin de semana está cerca. Vas a querer permiso para salir con tus amigos. Pienso que sería un buen momento para limpiar tu habitación."

"La vida es dura. Estamos en la rutina. Vamos a buscar mejores opciones para nuestras vidas."

"Estamos de acuerdo en que este programa no funciona. Necesitamos hacer más progresos o no seremos re-elegidos. Probemos con esta nueva opción para ver si funciona."

Después de dos hechos, nuestras sugerencias de nueva información se sienten fáciles de aceptar para las personas. Al estar de acuerdo primero, podemos mantener la afinidad.

Con afinidad, podemos transferir nuevas ideas a los demás. Si nos salimos de afinidad, las personas pondrán una barrera frente a nuestras nuevas ideas. Antes de presionar nuestras ideas en la mente de las personas, vamos a trabajar primero en crear afinidad. Esto incrementa nuestras opciones de tener éxito.

#4. "Bueno, tú sabes cómo…"

Esta es una orden verbal para la mente subconsciente. La frase, "Bueno, tú sabes cómo…" es tan común que las personas ni siquiera nos escuchan decir estas palabras. Cuando queremos que las personas crean lo que vamos a decir a continuación, naturalmente comenzamos con la frase, "Bueno, tú sabes cómo…"

Escucha esta conversación al lado de la cafetera en la oficina.

Persona Uno: –Bueno, tú sabes cómo el tráfico es tan malo cuando venimos a trabajar todos los días.–

Persona Dos: –Bueno, tú sabes cómo desperdiciamos dos horas todos los días conduciendo de ida y vuelta.–

Persona Tres: –Bueno, tú sabes cómo este trabajo nos estorba en la semana. Podríamos hacer mucho si no tuviésemos que conducir dos horas extra cinco veces por semana.–

Persona Cuatro: –Bueno, tú sabes cómo nuestro equipo de futbol nos dejó abajo de nuevo el domingo.–

Como podemos ver, si alguien quiere que el resto del grupo esté de acuerdo, naturalmente dicen las palabras, "Bueno, tú sabes cómo..."

Escuchamos estas palabras tantas veces que no notamos la frase. Pero cuando decimos estas palabras, esto es lo que ocurre en las mentes de nuestros escuchas.

Ellos piensan, "Bueno, si ya sé cómo, entonces lo que sea que digas después debe ser cierto. Debido a que lo que ya sé es cierto. No hacen falta más pruebas. No hacen falta testimonios, ni hojas de estudios, por que ya sé que lo que ya sé es verdad."

Así que cuando comenzamos con la frase, "Bueno, tú sabes cómo..." entonces, si nuestro siguiente hecho parece medio razonable, la mayoría de las personas aceptan que lo que decimos es verdad. De nuevo, esto es un atajo que nuestras mentes usan. No podemos detener todo en nuestras vidas para cuestionar cada fragmento de información que ingresa a nuestro cerebro.

Aquí hay algunos ejemplos de cómo usar esta frase:

"Bueno, tú sabes cómo queremos desesperadamente que nuestros hijos reciban la mejor educación posible."

"Bueno, tú sabes cómo quieres las llaves del coche para el fin de semana."

"Bueno, tú sabes cómo tus vendedores están sufriendo por que no tienen suficientes prospectos."

"Bueno, tú sabes cómo nuestros cheques no duran mucho."

"Bueno, tú sabes cómo todos sueñan en secreto ser ricos."

"Bueno, tú sabes cómo queremos este resultado, pero no sabemos cómo llegar ahí."

"Bueno, tú sabes cómo la salud no viene en una cápsula de antibióticos."

"Bueno, tú sabes cómo es muy difícil perder peso."

"Bueno, tú sabes cómo los valores de nuestro país cambiaron con el clima político actual."

Crear afinidad con las personas comienza a lucir bastante fácil. Con simples comandos verbales, podemos convencer sus mentes para aceptar lo que digamos como verídico.

Esto es divertido. Veamos algunos otros comandos verbales.

#5. "La mayoría de las personas."

Cuando decimos, "La mayoría de las personas," ¿qué es lo que piensan las personas?

Ellos piensan, "Quiero encajar. Quiero estar seguro. Quiero ser como la mayoría de las personas. Así, si tomo una decisión, y esa decisión no funciona, no seré criticado. Pero si hago algo único, algo diferente, y no funciona, quedaré en ridículo ante las personas."

Sí, es natural que queramos encajar. Piensa en cada adolescente en la secundaria. Uno de los programas con más prioridad en sus mentes es encajar dentro del grupo.

¿Cómo es que obtenemos este programa? Este programa se llama "supervivencia." Es de una alta prioridad para todos nosotros, nos sentimos más seguros en número.

Caminamos por un oscuro callejón de noche. ¿Queremos caminar por ahí solos, o con un grupo de personas?

Escuchamos sobre una nueva medicina. ¿Queremos ser la primer persona en probar esa medicina?

Hay dos restaurantes. Uno está lleno, el otro está vacío. ¿Cuál restaurante se siente más seguro de visitar?

Observamos la construcción de un nuevo salto *bungee*. ¿Queremos ser la primera persona en saltar?

Hay un campo minado frente a nosotros. ¿Queremos ser la primera persona que cruce ese campo minado?

¿Notas el patrón? Nos sentimos más cómodos con nuestras decisiones si otras personas piensan lo mismo. Queremos ver que otras personas lo hagan primero y que sobrevivan.

Cuando hablamos con personas, si comenzamos con las palabras, "La mayoría de las personas," hacemos fácil que estén de acuerdo. La afinidad es hacer que otras personas nos crean y confíen en nosotros. Si no podemos construir afinidad, nunca llegaremos a tener influencia.

Aquí hay ejemplos de frases con "La mayoría de las personas."

"La mayoría de las personas piensan que sabe delicioso. ¿Quieres probar?"

"La mayoría de las personas de negocio quieren ganancias, así que prestan mucha atención a su presupuesto."

"La mayoría de los padres quieren que sus hijos reciban una mejor educación de la que ellos recibieron."

"La mayoría de las personas espera con ansias el coffee break."

"La mayoría de las personas quieren un gobierno si corrupción. Voten por mí para dirigir el cambio."

"La mayoría de las maestras no pueden esperar a que lleguen las vacaciones."

"La mayoría de las personas quieren pagar menos. Déjame mostrarte cómo ahorrar dinero en esto."

"La mayoría de los vecinos quieren apoyar a la banda de la escuela local."

"La mayoría de los gerentes de compras están dispuestos a separar pocos minutos, si es que significan grandes ahorros para sus compañías."

"La mayoría de las personas" es una frase muy fácil de decir. Las personas reaccionan con sonrisas. Todos usan estas palabras naturalmente. Cuando decimos las palabras, "La mayoría de las personas," las personas toman una decisión instantánea de ser parte de la mayoría.

#6. Más comandos verbales.

Muchas frases de comandos verbales ayudan a que los demás crean y confíen en lo que decimos. Aquí hay algunos otros.

"Todo mundo sabe."

"Todo mundo dice."

"La mayoría de las personas concuerda."

Cuando comenzamos a notar estas secuencias de palabras, podemos agregar más a nuestra lista. Hagamos algunos ejemplos de cómo usar estas secuencias de palabras.

"Todo mundo sabe que es imposible conseguir un aumento aquí."

"Todo mundo sabe que el presupuesto de nuestra escuela no alcanza para este proyecto."

"Todo mundo sabe que tus calificaciones en la escuela serán importantes cuando solicites una beca."

"Todo mundo sabe que la economía está en problemas."

"Todo mundo dice que no queremos repetir los mismos errores."

"Todo mundo dice que queremos mejor control de las finanzas del gobierno."

"La mayoría de las personas concuerda en que los empleos interfieren con nuestra semana."

"La mayoría de las personas concuerda en que las dietas nunca funcionan a largo plazo."

Es más fácil tener conversaciones con personas cuando comenzamos estando de acuerdo. Cuando las personas confían y creen en nosotros, podemos mover ideas de nuestra cabeza a la suya.

Tratemos de reunir algunas de estas habilidades de afinidad juntas. En este ejemplo, imagina que estamos vendiendo un producto de dieta a un cliente en nuestra tienda. Mira si puedes detectar las habilidades de afinidad utilizadas.

"Perder peso es difícil. Y la mayoría de las personas no tiene tiempo de hacer horas de ejercicio. Y bueno, tú sabes cómo perder peso ha sido casi imposible en el pasado. Todo mundo sabe que debe haber una mejor manera. Déjame mostrarte la solución de pérdida de peso de la que todo mundo está hablando."

Nuestro cliente potencial espera ansioso la presentación del producto que estará comprando dentro de poco tiempo.

¿Otro ejemplo?

Imagina que queremos convencer a nuestros vecinos de instalar equipo de ejercicios y juegos en el lote vacío cerca de casa. Podríamos decir, "Denme el dinero. Yo quiero hacer un parque para los niños." Directo, pero poco efectivo. Probemos usando unas pocas habilidades de afinidad.

"Todo mundo sabe que los niños del vecindario tienen que jugar en algún sitio. Y bueno, ustedes saben cómo todos los días juegan en la calle. La mayoría de los padres de familia están preocupados por la seguridad de nuestros niños. Además, tenemos los daños ocasionales a los autos estacionados. Vamos a crear un pequeño parque en el lote vacío para que nuestros niños puedan jugar seguros. Además, no tendremos que preocuparnos por ventanas rotas ni coches rayados nunca más."

Esto comienza a ponerse divertido. Hablamos, y las personas asienten en acuerdo. Eso es un sentimiento genial, que las personas escuchen nuestro mensaje.

Los comandos verbales son geniales para que las personas estén de acuerdo con nosotros, pero veamos algo aún más poderoso.

OTRAS MANERAS DE CREAR AFINIDAD.

Para conseguir una afinidad más profunda y entendimiento de los demás, aquí hay tres habilidades más.

#7. Escucha.

La afinidad es más fácil si le agradamos a las personas. ¿Quién nos agrada más? ¿Las personas que sólo hablan, o las que escuchan? La respuesta es obvia.

Toda persona quiere ser escuchada. Si escuchamos, las personas sentirán que somos los conversadores más asombrosos en la historia de la humanidad. Se irán a casa y le dirán a su pareja, "He tenido la conversación más asombrosa. Hablé. La otra persona me escuchó. La otra persona era el conversador más genial que jamás he conocido."

Por supuesto que esto es una exageración, pero así es como se sienten las personas.

Piensa en los demás. Sus jefes no los escuchan. Sus compañeros de oficina no los escuchan. En su casa no los escuchan. Si nos tomamos el tiempo de escuchar, construiremos afinidad. Le agradaremos a las personas y querrán creer lo que decimos. Nos gusta estar de acuerdo con nuestros amigos.

¿Qué tan difícil es escuchar?

Si somos introvertidos, es fácil. Sólo estamos ahí de pie. Además, podríamos tener un interés natural en lo que la otra persona dice.

No somos extrovertidos, esto es difícil. Tenemos que mordernos la lengua hasta que sangre. Estamos tan emocionados sobre lo que tenemos que decir, que raramente hacemos que la otra persona se sienta especial al pausar y escuchar lo que dice.

Los extrovertidos tienen un problema con la afinidad. Las otras personas sienten como que los están "sermoneando" en lugar de tener una conversación. Cuando los extrovertidos dominan la conversación, los escuchas pueden lucir amables. Pero en secreto desean poder participar en la conversación. Esto no es una buena fórmula para construir una afinidad fuerte.

Por ejemplo, vamos a comprar algo. El vendedor habla y habla y habla, nunca nos permite hacer un comentario o una pregunta. ¿Cómo nos sentimos? Con estrés, resentimiento, frustración.

Debemos permitir que los demás hablen.

Así que, si somos extrovertidos por naturaleza, ¿cómo entrenamos a nuestra mente a poner atención cuando los otros hablan?

Primero, debemos de olvidarnos de nuestros planes. Queremos decirle a las demás personas qué pensar, cómo pensar, y qué hacer al respecto.

Segundo, debemos de dejar de hablar, y hacer el intento de obtener retroalimentación de los demás. Queremos que se sientan parte de una conversación.

Tercero, debemos crear un intenso interés en aprender de lo que los demás dicen. Si tienen mucho conocimiento en un cierto tema, podemos hacer notas mentales para incrementar nuestro conocimiento. Si poseemos más experiencia en un tema, podemos aprender lo que los demás sienten mientras están en su camino de aprendizaje. Esto nos ayudará a comunicarnos mejor con ellos después.

Escuchar es difícil. Hay cursos donde podemos mejorar nuestras habilidades para escuchar. Pero si hacemos un esfuerzo honesto de estar interesados en lo que las demás personas dicen, crearemos una mejor afinidad.

#8. Señala una falla o imperfección en lo que sugerimos.

Las personas no esperan soluciones perfectas a cada problema. Cuando hacemos propuestas, otros comienzan a hacer juicios. Comienzan pensando en las partes buenas y en las partes malas. ¿Por qué? Debido a que ellos también tienen programas de supervivencia. Quieren estar seguros de que nuestras propuestas no los lastimarán o empeorarán las cosas.

Pero cuando señalamos las debilidades en nuestra propuesta, ellos piensan, "Eres una persona justa. No estás tratando de presionar con tus objetivos. En lugar de eso, señalas los puntos fuertes y los débiles. No tengo que cuestionar si tienes motivos ulteriores de manipularme. Incluso me estás ayudando a notar las debilidades."

Cuando las personas nos perciben como justos, ellos creen y confían en nuestras ideas. Quieren colocar nuestras ideas dentro de su mente sin agregar juicios rudos ni escepticismo.

Cada sugerencia o idea que proponemos tiene sus fallas. Nada es 100% perfecto en el mundo real. Si señalamos una falla menor, eso ayuda a nuestros escuchas a aceptar la parte principal de nuestra propuesta. Tenemos confianza y afinidad. ¿Quieres algunos ejemplos?

Ejemplo #1. "La dieta baja en carbohidratos es una de las formas más rápidas de perder peso. El lado malo es que estarás con antojos de papas fritas y pasta durante los primeros tres días."

Ejemplo #2. "Este seguro protegerá a nuestro equipo de la secundaria cuando jueguen deportes extremos. Pero como sólo tenemos este presupuesto, tendremos que renunciar a tener un logo impreso en el camión del equipo."

Ejemplo #3. "Comenzar tu propio negocio es emocionante. Pero perderás tus relaciones y pláticas diarias junto a la cafetera de la oficina."

Ejemplo #4. "Este auto acelera más rápido que cualquier otro auto en su clase. Sin embargo, no tendrás un buen rendimiento de combustible si conduces como piloto de carreras."

Ejemplo #5. "Este paquete 'hágalo-usted-mismo' nos ahorrará mucho dinero. ¿Estamos dispuestos a hacer la construcción con nuestras propias manos?"

Ejemplo #6. "Ven a la casa por algo de beber y un asado el próximo sábado. No podrás lavar el coche ni podar el césped. Pero puedes hacer eso otro día."

A las personas les gusta tener conversaciones con personas que son justas. Cuando mostramos que vemos las partes buenas y las partes malas, las personas se sienten cómodas con nosotros.

#9. Lenguaje corporal y micro expresiones faciales.

Un desconocido llega a nuestra puerta. Damos una rápida mirada al extraño para determinar si será amigo o amenaza. De nuevo, nuestro programa de supervivencia está trabajando.

¿Qué tan rápido juzgamos a esta persona? Casi de inmediato. No es justo, pero esto es lo que los humanos hacen para sobrevivir. Un error y se acabó. Así que, tenemos mucha cautela cuando conocemos a alguien nuevo.

¿Cómo juzgamos a esta persona tan rápidamente, incluso antes de que la persona diga sus primeras palabras?

Leemos su lenguaje corporal, y leemos sus micro expresiones faciales. Las micro expresiones faciales ocurren demasiado rápido para que nuestra mente consciente pueda emitir un juicio. ¡Los humanos pueden crear casi 30 micro expresiones faciales en un segundo! Algunas pocas personas pueden leer rostros conscientemente, pero están muy especializados en ésta área. Para la mayoría de nosotros, simplemente tenemos un sentimiento de nuestras mentes subconscientes sobre esta persona.

Nuestras mentes subconscientes mantienen una base de datos de miles de rostros de personas. Nuestras mentes subconscientes hacen referencia con los rostros de otros extraños de nuestro pasado. Buscan por pistas de lo que podrían ser sus intenciones. Una persona no tiene que aparecer con una máscara de hockey y una motosierra para que emitamos un juicio sobre sus intenciones. Si alguien tiene malas intenciones con nosotros, nuestra mente subconsciente puede leerlo en su rostro.

Nuestras mascotas tienen esta habilidad de lectura micro facial también. Se dice que los perros pueden recordar cada movimiento y expresión de sus dueños. Y aún que no sé si esto es 100% verdad, o incluso cómo los investigadores pueden medirlo, hay algo de verdad en ello.

Imagina una mañana, caminamos a la sala y decimos a nuestras mascotas: –¡Vamos al coche a dar un paseo!–

Nuestra mascota nos da una mirada y de inmediato se esconde debajo del sofá. ¿Por qué? Sabe que lo llevaremos al veterinario.

¿Cómo saben que hoy es el día que los llevaremos al veterinario? ¿Con sus pequeñas patitas abren nuestro calendario? No. Leen nuestras micro expresiones faciales. Pueden recordar la última vez que dijimos las mismas palabras, "¡Vamos al coche a dar un paseo!" Recuerdan la expresión en nuestro rostro aquel día en que terminaron con el veterinario y una aguja en el cuarto trasero.

Las mascotas lo saben. También los humanos. Leemos los rostros de las otras personas todo el tiempo, buscando pistas de sus intenciones.

¿Qué hay de nuestro propio lenguaje corporal y micro expresiones faciales? Las personas que conocemos nos juzgan basados en nuestro lenguaje corporal y micro expresiones faciales también.

¡Auch! ¿Cómo controlamos nuestro lenguaje corporal y cerca de 30 micro expresiones faciales por segundo? ¿Debemos de tomar un largo y complicado curso de cómo torcer el rostro?

Por supuesto que no.

Nuestro lenguaje corporal y micro expresiones faciales reflejan nuestras intenciones internas. Si cambiamos nuestras intenciones, se notará. Prueba este pequeño experimento.

Supón que somos un representante de ventas. Justo antes de hablar con nuestro cliente potencial, nos paramos frente a un espejo. Nos decimos a nosotros mismos, "¡Voy a aplastar a esta persona como a una uva! ¡Lo dominaré para aceptar mis planes, no importa cuánto se resista!"

Si entramos a la oficina de nuestro cliente potencial con esta intención en mente, el cliente potencial resistirá nuestras sugerencias. Él quizá no sepa por qué se resiste, pero estará escéptico y evitará aceptar nuestra oferta.

Ahora, imagina que hacemos esto. Justo antes de cruzar la puerta para hablar con nuestro cliente potencial, nos paramos frente al espejo de nuevo. Esta vez nos decimos a nosotros mismos, "Este cliente potencial tiene un problema. Le ofreceré a este cliente potencial una opción más para resolver su problema. Él puede decidir si mi opción le sirve o no."

Cuando cruzamos la puerta con esta intención en nuestra mente, nuestro lenguaje corporal y micro expresiones faciales se ajustarán. El cliente potencial se sentirá mejor de aceptar nuestra propuesta.

Sí, las personas pueden leer nuestras intenciones. Asegurémonos de que nuestras intenciones se muestran en nuestro rostro y nuestro lenguaje corporal antes de hacer una oferta.

¿Qué hay de Juan Pérez?

Si Juan Pérez tomara el tiempo de aprender estas habilidades de afinidad, por lo menos su audiencia confiaría y creería en lo que dice.

Ahora Juan tendría una sólida plataforma de afinidad. Podría comenzar a construir su influencia con estos cimientos de creencia y confianza.

El paso siguiente: Influencia.

Eso es una base suficiente con respecto a estas habilidades de sentido común para crear afinidad. La afinidad es genial, pero no es suficiente para crear influencia con otros.

Recuerda, la afinidad significa, "Podemos confiar y creer en lo que digas."

Pero la influencia podría significar, "Confío y creo en lo que dices, te respeto, respeto tu juicio. Quiero tomar acción en lo que estás sugiriendo."

Veamos cuáles acciones toma Juan Pérez para comenzar a crear influencia con sus compañeros de trabajo, amistades, familia, e incluso con extraños.

ESTRATEGIAS PARA CREAR INFLUENCIA CON OTROS.

Ahora que tenemos afinidad con nuestra audiencia, comenzaremos a crear influencia.

Tener influencia es fácil cuando las personas están de acuerdo con nosotros. Si las personas están en desacuerdo, debemos de invertir más tiempo creando afinidad. Luego, nuestro siguiente paso será influenciarlos.

Y como la afinidad, queremos tener muchas estrategias diferentes para crear influencia. Algunas de estas estrategias serán fáciles y estarán dentro de nuestra zona de confort. Otras estrategias pueden no ser útiles en una situación en particular.

Pero con una caja de herramientas llena de opciones, podemos elegir la estrategia correcta para obtener la influencia que necesitamos.

Comencemos con algunas estrategias fáciles de cómo nuestro mítico Juan Pérez podría crear influencia en su oficina.

CREANDO INFLUENCIA: ESTRATEGIA #1.

Conviértete en el organizador. Una organización de caridad en Estados Unidos usa esta estrategia de marketing para obtener fondos. Una vez al año, hacen que una persona en cada oficina vaya de escritorio en escritorio, solicitando donativos. La mayoría de las personas en la oficina dona una pequeña cantidad que se toma de su cheque cada mes. Esta persona está a cargo de darle a sus compañeros formas que autorizan la deducción del donativo.

Esto es un ritual anual. La organización dice, "Danos tu dinero, y nosotros lo distribuiremos hacia las organizaciones apropiadas. Así, no tendrás que escuchar solicitudes de donativos en todo el año. Dona ahora a nuestra gran caridad. Nosotros nos encargaremos del resto."

Juan Pérez se ofrece como voluntario para este trabajo. Nadie lo eligió. Nadie lo autorizó para ir de escritorio en escritorio y recolectar los donativos. Él simplemente se ofreció como voluntario. Y, puesto que nadie más quería ofrecerse como voluntario para este trabajo, Juan no tenía competencia.

Ahora, ¿qué ocurre con la relación entre Juan y cada compañero individual?

Primero, el compañero se entera por primera vez de que Juan existe. Segundo, en la mente de cada compañero, hay una pequeña semilla sembrada de que Juan es importante. Está a cargo de la recolección de caridad anual en la oficina. Los compañeros subconscientemente le asignan poder a Juan. Con este poder viene el respeto. Y con el respeto viene... la influencia.

¿Juan creó una influencia masiva de esta campaña de recolección? No, pero hizo progresos. Juan ahora tiene algo de importancia y autoridad en la mente de sus compañeros.

Una manera de establecer influencia con los demás es convertirnos en el organizador o líder de un proyecto o viaje.

En este ejemplo, Juan tomó una decisión inteligente. Como recolector asignado de los donativos, su trabajo fue fácil. Nada de ventas. Nada de convencer. Los empleados esperaban que alguien les entregara el formato de donativo en sus escritorios.

Juan no arriesgó nada para obtener esta influencia. Tomó prestada la influencia y el poder asociado de la caridad. Además, la gerencia de la oficina esperaba que todos donaran algo. La presión social para hacer un donativo hizo el trabajo de Juan más fácil. Todo lo que Juan tuvo que hacer fue decir, "Aquí está tu formato. Escribe cuánto te gustaría donar cada mes de tu cheque. Pasaré por el formato más tarde."

Si queremos influencia, deberíamos de buscar a nuestro alrededor para ver qué es lo que podemos organizar.

Comencemos con viajes. Cuando un grupo hace un viaje, se siente como pastorear una manada de gatos. Frustrante, por supuesto. Debido a que organizar es una tarea sin pago, pocas personas se ofrecen como voluntarios para tomar el cargo de la organización de un viaje. ¿Qué clase de viajes podríamos organizar?

Si trabajamos en una oficina, y una rama entera de la oficina tiene que ir a la oficina principal, alguien debe de organizar el autobús. Alguien debe de dejar que todos sepan a qué hora sale el autobús. Y por supuesto, alguien debe de dejar que todos sepan a qué hora regresa el autobús. La persona que organiza luce como que está a cargo, incluso cuando nadie le dio a esa persona el poder.

Podríamos organizar un viaje donde varias familias vayan de vacaciones juntas. O un viaje con varias personas para asistir a un evento deportivo o a un concierto.

¿Qué tal un intercambio de obsequios navideños? Alguien tiene que llevar el sombrero, y recortar pedacitos de papel con los nombres de todos. Luego, tiene que ver que cada uno saque un nombre para determinar a quién le entregarán el obsequio durante las fiestas.

¿Podríamos organizar la fiesta de fin de año en el trabajo? Fácil. No tenemos que suplicar para que las personas asistan a una fiesta. Ellos aman las fiestas. Nuestro papel podría ser encontrar un lugar y fijar la fecha.

El organizador asume la posición de poder, y con el poder viene la influencia.

¿Recuerdas al organizador de mi aventura en la canoa del terror?

Todo lo que hizo fue tener la idea y anunciarla en nuestra oficina. Nadie más tenía ideas para hacer algo ese fin de semana. Todos respondimos, "Eso suena como una genial sugerencia." Nosotros le dimos poder e influencia al organizador.

Muchas personas no son creativas. Van por la vida haciendo apenas el mínimo. Con un poco de pensamiento creativo, podemos encontrar o crear muchas oportunidades para ser el organizador.

Aquí hay algunas ideas más de oportunidades para organizar:

- Un club de lectura.
- Un día de limpieza en el vecindario.
- Conseguir voluntarios para el día de las elecciones.
- Una cena festiva en el centro de asistencia para personas de la calle.
- El partido anual de hockey callejero de padres contra hijos en el vecindario.

Las personas nos recordarán como los organizadores. Eso nos da influencia con ellos. No sólo prestarán atención cuando hablemos, sino estarán más dispuestos a tomar acción sobre nuestras sugerencias.

CREANDO INFLUENCIA: ESTRATEGIA #2.

Podemos depositar unidades emocionales de buena voluntad.

Cuando trabajamos con personas, ellos mentalmente mantienen un registro de nuestra relación. Este registro les muestra qué tanto los hemos ayudado, contra qué tanto nos han ayudado ellos. Si somos de los que sólo toma, nuestro poder está disminuido. Si somos de los que dan, ellos sienten un balance a nuestro favor en su cuenta de banco emocional, y querrán nivelar ese registro. Se sienten obligados a por lo menos escuchar nuestras ideas y opiniones.

Aquí hay un ejemplo de depósito de éstas unidades emocionales. Imagina que nuestra hija está dentro de un edificio en llamas. Alguien la rescata. Instantáneamente creamos una deuda gigante en nuestra cuenta bancaria emocional con la persona que salvó la vida de nuestra hija.

Por supuesto, los favores pequeños no son dramáticos. La mayoría de las personas notan los pequeños favores, y estos favores se van sumando. Aquí hay algunos ejemplos de favores que crean balances en las cuentas bancarias emocionales.

- Recoger a alguien cuando su coche se avería.
- Dar consejo sobre una actividad familiar poco costosa de fin de semana.
- Escuchar la historia triste de alguien.
- Dejar que otros se enteren de que hay descuentos especiales en su almacén favorito.
- Llevar la comida a la casa de alguien cuando está enfermo.
- Escuchar pacientemente las historias aburridas de alguien.
- Ayudar a alguien a resolver su problema con la computadora.
- Decirle a alguien cuando transmiten su película o show favorito para que los disfrute.
- Cuidar a los hijos de alguien cuando no puede encontrar niñera.
- Comer con alguien y pagar la comida.
- Apoyar las opiniones de alguien en las conversaciones grupales.
- Evitar juzgar los errores de alguien o señalar sus fallas.
- Ayudarles a encontrar el prospecto ideal.
- Darle a alguien un contacto para una oportunidad de empleo.

Como podemos ver, siempre que hacemos un pequeño favor o proveemos ayuda para alguien, esa acción deposita unidades emocionales. Esto ayuda a construir nuestra influencia.

CREANDO INFLUENCIA: ESTRATEGIA #3.

Hablar en público. ¡Oh, cielos!

La mayoría de las personas preferirían una cirugía dental, pastel de frutas rancio, o una tortura en lugar de hablar en público. Esto es material para las pesadillas.

Tememos ponernos de pie frente a un grupo y ser juzgados. Tememos olvidar qué decir, luego sonrojarnos con la vergüenza.

Debido a estos miedos tan duros, naturalmente respetamos a quien sea que hable en público. Mentalmente vemos a los conferencistas como personas con inteligencia, influencia, y cualidades de liderazgo. ¿Por qué? Por que hablaron en público.

Estas cualidades pueden no ser merecidas, pero las asignamos a quienes hablan en público de cualquier manera. Mientras nosotros no tengamos que hablar en público, estamos contentos de sentarnos en nuestra silla y ser influenciados por los oradores. Le permitimos a los oradores guiar nuestros pensamientos, y algunas veces, nuestras acciones. Los conferencistas ocupan una posición poderosa en nuestra mente.

Ellos están a cargo. Ellos hablan, nosotros escuchamos. Ellos dirigen el pensamiento del grupo. Nosotros tendemos a obedecer las sugerencias, e ir con la corriente del grupo.

¿Quién es la única persona de pie? Bueno, esa persona debe de ser el experto. Y por supuesto, eso significa que esa persona tiene el poder y la influencia.

Ahora, ¿quién **debería** estar de pie frente al grupo? ¡Esa persona deberíamos ser nosotros!

Pero si el pensamiento de hablar en público nos traumatiza, ¿que debemos hacer?

Si queremos incrementar nuestra influencia, entonces debemos superar este miedo irracional. Y bueno, eso es fácil de decir, ¡pero muy difícil de hacer!

Así que ataquemos nuestro miedo de hablar en público ahora. Otros dominaron su miedo de hablar en público, y nosotros también podemos hacerlo. Aprendamos qué es lo que podemos hacer para destruir este miedo. Aquí hay una guía general:

1. Saber más que nuestra audiencia. Si estamos de pie frente a un salón de niños de preescolar hablando sobre lectura, no hay problema. No nos sentiremos avergonzados o intimidados por los niños de cinco años. Podrían intentar hostigarnos, pero nuestro conocimiento superior gana. Además, su maestra podría hacer un gesto para ponerlos en su lugar.

En este ejemplo, sabemos más que nuestra audiencia. Cuando nos convertimos en un experto en nuestro tema, nuestros miedos se esfuman. Esa es una buena razón para convertirnos en un micro-experto en un delgado nicho de información. Entonces seremos la persona con más experiencia del salón. Más sobre convertirnos en un micro-experto más adelante.

¿Quieres visualizar lo opuesto? Si elegimos un tema nuevo y nuestra audiencia sabe más de lo que nosotros sabemos, espera una experiencia brutal. Los estándares de la decencia nos evitan describir lo que sucedería.

Ningún conferencista quiere una audiencia que sepa más sobre el tema, o que tenga un ángulo único sobre el tema. Sé un experto en un delgado, pequeño nicho, y nos sentiremos confiados cuando hablemos.

Preparación. Preparación. Preparación. Y nos podemos relajar cuando hablemos frente a personas menos informadas.

2. Practica. Primero, por nuestra cuenta. Cada frase se convierte en un trabalenguas la primera vez. No te preocupes. La próxima vez, las frases se harán más fáciles. La primera ocasión es la más difícil. Construimos un poco de memoria muscular sobre cómo decir cosas con una o dos prácticas rápidas.

Luego, practicamos frente a personas en vivo.

¿Quieres tomar en serio el crear influencia? Unirte a Toastmasters o a un curso de oratoria de Dale Carnegie, es una idea genial. Ambas organizaciones nos ayudan a superar nuestro miedo. ¿Como? Debido a que hablaremos frente a nuestros compañeros de clase regularmente. No te preocupes, comienzan de poco. Sólo hablamos unas pocas palabras durante nuestra primera clase.

¿Esta inversión vale nuestro tiempo?

¡Totalmente! Piensa sobre cuántas veces nos ponemos a nosotros mismos en desventaja con nuestro temor de hablar en público. Cuando este miedo desaparece, un enorme peso se desvanece de nuestros hombros.

Ahora podemos decir nuestras opiniones. Las personas que nos rodean no dicen nada. Su miedo a hablar en público silencia sus voces. Y nos premian con poder e influencia.

¿Dónde podemos encontrar más oportunidades para hablar en público? Hagamos una lista.

1. En la junta de padres y maestros de la escuela.

2. En el banquete de premiación de nuestra hija.

3. Podemos ofrecernos como voluntarios para ser maestro de ceremonias en la boda de nuestro primo.

4. En los desayunos de la Cámara de Comercio local. También recibimos un desayuno gratis de su parte por hablar durante quince minutos sobre nuestra experiencia particular.

5. Podemos presentar opciones de viajes durante la reunión mensual de nuestra asociación o club.

6. Podemos presentar nuestras ideas frente a la asociación de propietarios de vivienda para reducir gastos en común.

7. Ofrecernos como presentador para la caridad local. Ellos siempre buscan a alguien para presentar su causa a grupos que puedan poner su organización bajo la mejor luz posible.

8. Ofrecernos para enseñar una clase en la escuela nocturna para adultos.

9. Ofrecernos para enseñar algún oficio en el centro comunitario local.

10. Ser el primer miembro de la audiencia en tomar el micrófono cuando un orador hace preguntas a la audiencia.

11. Ofrecernos para leer las nuevas regulaciones y lineamientos de la oficina.

12. Leer las notas de la reunión o los reportes durante la próxima junta.

Hay más oportunidades para que hablemos en público. Todo lo que debemos de hacer es ofrecernos.

¡Pero necesito superar ese miedo rápido!

Necesitamos un atajo hoy. Esperar a que una clase comience tomará mucho tiempo. ¿Cómo podemos conquistar nuestro miedo a hablar en público en los próximos diez minutos?

Vamos a resolver esto.

Aquí están los dos más grandes miedos de hablar en público:

1. Nos preocupa olvidar qué decir después. Luego, estaremos de pie frente a todo el salón con nuestra boca abierta y nuestro rostro sonrojado. Cada segundo se sentirá como una eternidad.

2. Nos preocupa lo que los demás dirán. ¿Estarán aburridos? ¿Se levantarán y saldrán mientras hablamos? ¿Pensarán que somos ignorantes? ¿Qué tal si no nos prestan atención?

Estos son miedos reales. Sin embargo, podemos solucionarlos rápidamente. ¿Como?

Contando una historia.

Este atajo nos hace interesantes y efectivos como oradores públicos inmediatamente.

Veamos cómo contar historias resuelve estos dos miedos.

Supón que alguien nos pregunta cómo llegamos a la oficina hoy. ¿Podríamos responder? Por supuesto. Sabemos cómo llegamos a la oficina.

Diríamos, "Subí a mi auto, salí en reversa de la cochera, y llegué a la Calle Cinco. Tan pronto como subí a la vía 109, giré a la izquierda para entrar a la ciudad. Aparentemente quería llegar a la oficina muy pronto, así que la policía vial me detuvo y me hizo una entrevista. Luego, recibí una multa como recordatorio de conducir bajo el límite de velocidad en el futuro. Bueno, seguí por la 109, hasta que giré sobre Avenida Mall. Me estacioné en el estacionamiento. Cerré mi coche. Tomé el ascensor hasta nuestra oficina y así es como llegué a trabajar hoy."

¿Por qué podemos recordar cada paso de la historia? Debido a que es una historia. Las mentes humanas están programadas para las historias. Nos encantan las historias. Nuestras mentes piensan en historias. Y esto se pone mejor, pero lo veremos más adelante.

Podemos estudiar para un examen de historia, pero 15 minutos después no podemos recordar las fechas. Luchamos para recordar los datos.

¿Pero las historias? Podemos decir lo que ocurrió en una película que vimos hace tres años. Nuestras mentes recuerdan historias y recuerdan los detalles.

Así que si debemos de hablar, vamos a contar historias. Nunca nos preocuparemos sobre recordar lo que viene después.

Ahora, el Miedo #1 se ha esfumado.

¿Pero qué hay sobre el Miedo #2?

¿Qué hay si tenemos miedo de cómo otros nos juzgan cuando hablamos?

La respuesta es: historias.

Nuestras audiencias consisten de personas. Las personas tienen una adicción a las historias. Es por eso que les gustan las películas. Es por eso que les fascina leer sobre los chismes de Hollywood. Las historias se sienten como una descarga de azúcar para nuestra mente.

Cuando los niños tienen dos años, tan pronto como pueden formar una oración, dicen, "Mami, Papi, cuéntame un cuento." Les encantan las historias.

Nuestras historias crean películas dentro de la mente de los demás. Sienten como si estuviesen dentro de nuestras historias. Si pasamos cerca de tres personas, y una de ellas está contando una historia, ¿qué es lo que nuestra mente nos diría que hiciéramos? Nuestra mente diría, "Detente. Tienes que escuchar esta historia."

Las historias atrapan nuestra atención. Queremos saber qué ocurre después. Las historias nos ayudan a satisfacer el gran programa dentro de nuestras mentes, la supervivencia. Las historias nos enseñan cómo sobrevivir en el futuro cuando tengamos una experiencia similar.

Así que, nos sentamos alrededor de la fogata a contar historias. Alguien dice, "Cuando veas un gran felino con colmillos muy largos, aléjate. Quiere comerte."

Las historias nos dan comportamiento predecible. En el futuro, si estamos dando un paseo en el campo y vemos un gran felino con largos colmillos, nuestro programa de supervivencia dice, "Incluso cuando nunca antes has visto uno de éstos, son muy peligrosos. ¿Recuerdas la historia de la fogata? No te acerques a ese animal."

Hay tantas razones por las que los humanos estamos atraídos a las historias. Tiene que ser una historia muy, muy mala para que alguien no quiera escucharla con atención.

Cuando contamos una historia, las personas mentalmente se sientan al borde de su silla. Quieren saber qué es lo que sucede después.

Parece que hemos resuelto el segundo miedo.

Las demás personas aman nuestras historias. No querrán irse. Querrán saber cómo termina nuestra historia.

¿Nuestros miedos de hablar en público? Se han ido.

La historia corta es: podemos resolver nuestros miedos contando una historia.

¿Cuánta influencia nos dará hablar en público?

Más de lo que esperamos. Mucho, mucho más. Además, nuestra confianza aumenta.

Pocas personas quieren hablar frente a un grupo. Pocas personas retarán las ideas expresadas por alguien con influencia. ¿Y quién es esa persona con influencia? Ese seríamos nosotros. Tomamos la iniciativa de ponernos de pie y hablar.

¿Necesitas una manera rápida de resolver los miedos de hablar en público?

Lee el libro, *La Magia de Hablar en Público: Éxito y Confianza en los Primeros 20 Segundos*, por el Coach Mark Davis.

¿Por qué? Debido que ahí aprendemos que todos los juicios de nuestra audiencia se terminan en los primeros 20 segundos. ¡La buena noticia es que sólo debemos ser buenos durante los primeros 20 segundos!

Si somos principiantes, no hay problema. Cualquiera es capaz de aprender a manejar los primeros 20 segundos.

Una vez que nuestra audiencia decide que somos agradables, todo lo demás se facilita.

CREANDO INFLUENCIA: ESTRATEGIA #4.

Usa historias.

Durante las reuniones familiares, amo jugar con mis nietas, sobrinas y sobrinos. Como a todos los niños, les encanta escuchar historias. No pueden esperar. Me suplican por que les cuente mis historias.

Comienzo la historia con hechos creíbles. Les menciono personas que conocen. Cosas que son familiares para ellos.

Luego, lentamente comienzo a estirar los hechos hacia algo increíble. Pero continúan creyendo lo increíble, por que la historia comenzó con hechos reales.

Cuando van con sus padres y les cuentan las historias que les conté, sus padres ponen los ojos en blanco. Le dicen a los niños, "¡No le creas nada!" Pero la siguiente reunión que los veo, la historia se repite. El cerebro humano tiene fallas.

Las personas aman las historias. Las historias nos ayudan a colocar nuestro mensaje dentro de su cabeza. Si podemos tejer nuestras intenciones y hechos en formato de historias, es mucho más fácil para otros aceptar nuestro mensaje.

Demos un vistazo a nuestras mentes. Para protegernos, tenemos defensas naturales. Cuando un desconocido nos habla, nuestra mente automáticamente levanta éstas barreras:

- Sé cuidadoso. No creas lo que los extraños dicen.
- Sé escéptico. Los desconocidos tienen planes ocultos.
- Sé negativo. Protégete de nuevas ideas e información que puede no ser verdad.
- Activa tu filtro "demasiado-bueno-para-ser-verdad."
- Pregúntate, "¿Dónde está el truco?"

Sí, cuando los desconocidos nos hablan, sus palabras rebotan contra nuestra frente y se riegan en el piso. Tenemos resistencia a las cosas nuevas que los desconocidos nos dicen.

Pero las historias atraviesan esas defensas.

Cuando escuchamos una historia, nuestras mentes reaccionan, "¡¿Historia?! ¡Sí!" Somos como cachorrillos en espera de un premio. Nuestras mentes imploran por historias.

Esta es una manera fácil de influenciar el conocimiento y opiniones de otros. Simplemente envolvemos nuestro mensaje dentro de una historia.

Para ayudar a nuestra audiencia, podemos señalar que estamos por contar una historia. Aquí hay algunas frases que podemos usar:

"Érase una vez."

Esto grita, "¡Aquí viene una historia!" Pero, hace aún más. Trae buenos sentimientos de nuestra niñez. ¿Por qué no poner a nuestra audiencia de buen humor?

"Cuando era joven."

A las personas les gusta saber qué nos ocurrió cuando éramos jóvenes. Debe ser importante si se los estamos contando ahora.

"¿Te puedo contar un secreto?"

La curiosidad siempre gana. Este es uno de los programas más fuertes dentro de la mente humana. ¿Cómo puede alguien resistirse a escuchar lo que estamos por compartir con ellos?

"Déjame contarte lo que me sucedió."

Las personas son amables. Nos darán permiso de contarles nuestra historia.

Hay muchas más frases de apertura geniales, pero tenemos la idea. Nosotros:

1. Le señalamos a los demás que contaremos una historia.

2. Observaremos cómo sus ojos se iluminan.

3. Contaremos nuestro mensaje envuelto en una historia.

4. Observaremos cómo nuestra historia influencia a nuestros escuchas.

¿Estos son los únicos tipos de historias?

Por supuesto que no. Hay muchos tipos de historias que podríamos contar. Por ejemplo, hay historias de transformación de "antes y después." Los testimonios son un gran ejemplo de ésta técnica. Aquí está cómo podría sonar.

"Déjame contarte lo que le ocurrió a mi hija. Yo creía que jamás iba a leer al nivel de su grado escolar. Sin importar cuánto lo intentara, no podía mantener el ritmo. Después de tres sesiones con 'Tutores Lectores', su nivel de lectura saltó tres grados. Por eso los recomiendo a todos los padres que tienen hijos con dificultades de lectura."

Nuestro mensaje ahora está dentro de la cabeza de nuestros escuchas. Las historias lo hacen fácil. No tenemos que ser profesionales en contar historias, así que no te preocupes. La mayoría de nosotros cuenta historias con facilidad. Hemos contado historias durante toda nuestra vida.

¿Te gustaría un libro excelente de cómo lograr una apertura genial en nuestras historias? Consigue el libro, *Secretos de la Narrativa para Discursos Exitosos: 7 Estrategias para Contar Historias que las Personas Aman*, por el Coach Mark Davis. Y elige de entre cientos de frases de apertura simples. Es un libro rápido y fácil de digerir.

¿Queremos que nuestras historias sean más interesantes?

Nuestras historias deberían de tener un poco de drama o tensión. Aquí está la idea general de una historia:

1. Había un problema.

2. Luego sucedió esto.

3. Y ahora, ésta es la situación actual.

No es muy complicado, ¿verdad? Pero, ¿notamos que la historia comenzó con el problema? ¿No es así como comienzan la mayoría de nuestras películas favoritas, con el problema? Si no hay tensión o drama, si no hay problemas, la historia sería aburrida.

¿Tendríamos interés en una historia cómo ésta?

"Una madre ama a sus hijos. Los ama todos los días. Ella continúa amándolos en el futuro."

Esta historia no llegaría a ser noticia. No sería la historia de primera plana en el diario nacional.

Ahora, la historia sería más interesante si dijera esto.

"Una madre ama a sus hijos. Cuando se despertó por la mañana, sus hijos se habían esfumado. Y la única pista que tiene es un loro adicto a las galletas que apenas puede balbucear."

Esta podría no ser la trama de una novela *best-seller*, pero entendemos la idea. Nuestra historia debe tener un problema desde el inicio.

Los vendedores olvidan esto.

Cuando la mayoría de los vendedores hablan con prospectos, quieren dar largas presentaciones. Siguen y siguen con detalles y beneficios de los productos de sus compañías. Hablan sobre los galardones pasados de sus compañías.

¿Qué piensan los prospectos? "¡Aburrido!"

Tal vez sea una de las razones por las que detestamos a los vendedores. Por supuesto, las películas y la televisión constantemente ponen a los vendedores bajo una mala reputación, y eso incrementa nuestro escepticismo también.

¿Ahora vemos cómo los vendedores tienen una dificultad al crear una influencia poderosa con sus prospectos?

¿De qué deberían hablar los vendedores? Sobre sus prospectos. ¿Cuál es el tema más interesante para los prospectos?

Ellos mismos. Sí, los prospectos son tan egoístas como todos los demás. Somos la persona más importante en nuestra vida.

Debemos de vender nuestras ideas con los demás.

Si necesitamos venderle nuestro mensaje a nuestra audiencia, hablemos sobre la audiencia. Por lo menos disfrutarán del tema.

Pero, ¿podríamos ser más efectivos? Sí. Al hablar sobre los problemas en las vidas de nuestra audiencia. Todo mundo piensa en sí mismos durante todo el día. Nos preocupan nuestros problemas. Cuando hablamos sobre los problemas en las vidas de nuestra audiencia, tenemos su atención completa.

Después, contamos una historia sobre cómo resolvimos problemas similares para los demás. Nuestra audiencia desesperadamente escucha cada palabra que decimos. Quieren más.

Mira esta presentación de ventas de un vendedor de techos. Él cuenta una historia. Nosotros escuchamos. El vendedor dice:

"La tormenta de la semana pasada fue terrible. Todos los techos en la ciudad sufrieron daños. Yo sé que te preocupa que llueva así otra vez, todas tus posesiones son vulnerables al daño por el agua. Quieres que tu techo te proteja del daño de la lluvia en tus posesiones más valiosas. Esto fue lo que hicimos con algunos de tus vecinos. Instalamos un techo temporal, y sólo nos tomó unas pocas horas. Este techo temporal evita el daño adicional por el agua. Esto protege tu casa hasta que un techo permanente se pueda instalar."

Eso fue una simple historia de los sucesos. Él mencionó el problema al comenzar la historia. Esto no requiere muchas habilidades.

Hagamos otra historia.

Imagina que decidimos postularnos para un puesto público. Debemos de influenciar a los votantes para que nos apoyen y tomen acción. Nuestro discurso de campaña podría sonar algo como esto.

1. "Elegimos el partido anti-negocios hace tres años. Ellos clausuraron las industrias corruptas, las contaminantes, y las que sólo pagaban menos que el salario mínimo. Luego, gravamos el 100% de las ganancias de las compañías restantes para financiar más programas. Desafortunadamente, como todas las industrias cerraron, creamos un desempleo masivo." (Existe un problema.)

2. "Sin empleos, se hizo difícil hacer los pagos de la vivienda y los préstamos automotrices." (Luego, esto es lo que sucedió.)

3. "Y ahora estamos en serios problemas, los bancos están en problemas, y nuestra economía local es un completo desastre." (Esta es la situación actual.)

4. "Así que voten por mí y mi pandilla el próximo mes, para que podamos cambiar los errores del pasado." (Queremos que tomen acción y voten por nosotros.)

Ningún punto de vista político debe de tomarse de este ejemplo. Sólo queremos ilustrar la estructura de discursos que los políticos usan para influenciar a otros a que voten por ellos.

¿Qué tal otra historia?

"Actualmente estamos en lugar 49 de 50 distritos escolares en el estado. Esto es una desgracia. Solíamos estar entre los cinco mejores, y continuamente ganábamos premios de excelencia. Nuestros maestros estaban bien pagados y eran felices. Hemos recortado los sueldos de los maestros. Nuestros mejores maestros se han ido a otras escuelas. Ahora tenemos más ausentismo en los maestros. Gastamos dinero extra en maestros substitutos. Nuestro distrito escolar no ahorró nada con toda esta política de recortar sueldos. Por exactamente el mismo costo, hemos creado un sistema educativo peor para nuestro distrito."

¿Las historias como esta mueven a las personas? ¿Influenciamos a las personas con nuestras historias? Claro.

Nuestras mejores historias se quedan dentro de las mentes de las personas. Ellos no pueden sacar nuestras historias de su cabeza. Las historias agitan los pensamientos en su cerebro hasta que finalmente quieren tomar acción.

¿Y cómo envolvemos nuestros datos e intenciones en historias?

Aquí hay más ejemplos.

Versión de hechos. "No hay suficientes lugares de estacionamiento para nuestros empleados y visitantes."

Versión de historia. "Nuestro mejor cliente vino de visita el día de hoy. Como no había espacio para dejar su coche, se estacionó en el estacionamiento de nuestro competidor. Y luego visitó a nuestro competidor. Hace unos minutos recibí la llamada de cancelación de su último pedido."

¡Auch! Alguien va a prestar atención a este problema y tomar acción.

Versión de hechos. "Ya sé que estoy en primaria, pero necesito un par de jeans de diseñador de $800."

Versión de historia. "Ya sé que me dijiste que fuera valiente en mi primer día de escuela. Pero todos los niños tenían jeans de diseñador menos yo. Se burlaron de mí. Traté de no llorar. Pero, lo siento, lloré. No querían jugar conmigo. Me dijeron que no me acercara a ellos en el patio de juegos. Nadie me habló. Lo siento mucho, traté de hacer lo mejor para ser valiente."

¿Adivinas quién irá de compras por unos jeans?

Sí, los niños son naturales en esto.

Versión de hechos. "A este palo de golf se le llama Martinete. Le agrega distancia a tus tiros."

Versión de historia. "Imagina que tu jefe es tu equipo en el campo de golf. Todos dan su primer golpe de un poco más de 200 yardas para asegurarse. Ahora es tu turno. Tu jefe te mira fijamente y dice, 'Tenemos que derrotar a estos tipos.' Así que abres tu bolsa, sacas el Martinete, colocas la pelota, y ¡BAM!

Tu tiro sale a más de 300 yardas justo al centro del *fairway*. Tu jefe te mira y dice, 'Tenemos que hablar sobre esa posición de vicepresidente cuando regresemos a la oficina.'"

¿Adivinas quién estará comprando un Martinete hoy?

¿Exageramos un poco? Seguro. Pero nos sentimos intrigados por la historia. ¿Y la historia presentó a ese Martinete como algo especial? Claro.

Las historias crean conexiones geniales con las personas. Recordamos las historias que se cuentan alrededor de la fogata y junto a un fino café en la cafetería local.

Si envolvemos nuestros mensajes dentro de una historia, podemos influenciar los pensamientos y acciones de nuestra audiencia.

CREANDO INFLUENCIA: ESTRATEGIA #5.

Conviértete en un micro-experto.

Las personas respetan y siguen sus consejos.

Para convertirnos en expertos en medicina, podríamos invertir ocho o diez años de nuestras vidas es escuelas avanzadas. Para convertirnos en expertos en sistemas computacionales o ingeniería, nos tomaría muchos años de estudio y experiencia.

¿Pero por qué elegir un área tan grande de conocimiento? ¿Por qué no elegir ser un experto en un nicho diminuto? Cualquiera puede convertirse en experto al buscar rápidamente algunos pocos datos en Internet.

¡La cantidad de conocimiento e información disponible para los humanos de hoy es descomunal! Nadie se puede enfocar en toda la información. Hay demasiada información para que una persona lo aprenda todo.

Si lo aprendemos todo sobre un tema muy pequeño, sabríamos más que el 99,99% de las personas. Eso nos haría un… micro-experto.

¿Qué tan micro? Hagamos un ejemplo extremo.

Imagina convertirnos en experto sobre los hábitos sociales de los conejillos de indias en climas altos como Ecuador. Después de leer un artículo en Internet, sabemos más que todos en la oficina. Lee cuatro o cinco artículos, y sabremos más que casi cualquiera en nuestra ciudad.

Ahora, ¿queremos ser expertos en los hábitos sociales de los conejillos de indias en climas altos? No lo creo. Pero el punto aquí es que hay tanto conocimiento, que nadie puede ser un experto en todo. Las personas buscan a los expertos. Saben que ellos no pueden ser expertos o saberlo todo. Ellos vendrían a nosotros por nuestros conocimientos sobre conejillos de indias.

Imagina que vendemos productos de dieta. Es difícil ser un experto en dietas. Las personas esperarían que tuviésemos un título médico, un doctorado en ciencia, o años de experiencia en investigación. Pero nuestra estrategia podría ser convertirnos en expertos en un área muy pequeña de pérdida de peso. Veamos qué podríamos hacer.

1. Podríamos convertirnos en expertos en ejercicios.

Sin embargo, ya hay bastantes entrenadores personales y expertos allá afuera. Demasiada competencia, y eso significa que podríamos tener que aprender mucho para sobresalir. Debemos de hacer nuestro nicho más pequeño.

Decidimos que las personas con sobrepeso detestan hacer ejercicio. Ellos odian ir al gimnasio. Odian el ritual de ponerse ropa especial de ejercicio para salir a la calle y jugar al tiro al blanco con los perros del vecindario. Así que, ¿qué es lo que hacemos?

Nos convertimos en expertos en tres o cuatro ejercicios que las personas con sobrepeso encuentran fáciles de hacer. Las personas obesas vienen con nosotros y dicen: –Escuché que sabes hacer unos ejercicios fáciles para perder peso.– Podríamos explicar estos ejercicios, debido a que tenemos influencia. Somos los expertos en estos fáciles ejercicios. Y, comprarían productos de dieta con nosotros. Después de todo, nosotros somos los expertos.

2. Imagina que somos consultor de energía.

Le recomendamos a las familias que se cambien de su proveedor actual a nuestro servicio. La mayoría de las familias se niegan. Ellos verían una pequeña cantidad de ahorros cada mes. Para ellos, no vale la pena el tiempo que toma hacer el cambio. Así que, nos convertimos en expertos de usar cupones para ahorrar dinero.

Los grupos de la comunidad y clubes sociales podrían invitarnos a hablar. Le damos a la audiencia maneras geniales de usar cupones y ahorrar dinero. Nuestra audiencia está con la mentalidad de ahorrar dinero. Somos los expertos en cupones. Y ahora será fácil influenciarlos para que cambien su proveedor de electricidad. Después de todo, sabemos más de cupones y ahorrar dinero que la mayoría de las personas.

3. Como banqueros locales, nos convertimos en los mejores expertos sobre reducción de pagos a hipotecas.

Incluso escribimos artículos breves para el periódico local. Todos en la comunidad saben, "Si queremos ahorrar dinero en los pagos de la hipoteca, ésta es la persona que hay que buscar."

Cuando las personas llegan al banco a hacer preguntas sobre su hipoteca, vienen con nosotros, los expertos en reducción de hipotecas. Como somos los expertos, ellos automáticamente asumen que somos un experto en todas las áreas del banco. Ellos depositan su confianza en nosotros. Tenemos la influencia de guiarlos hacia mejores productos bancarios.

4. El club deportivo local necesita un nuevo director administrativo.

¿Tareas? Supervisar las finanzas del club y conducir la junta mensual para los miembros del club. Si nos convertimos en expertos en las "Reglas de Orden Robert's" para conducir juntas, nos ganamos el respeto de los miembros del club. Las juntas ocurren sin contratiempos. Debido a que somos los expertos en manejar juntas, los miembros de nuevo asumen que seríamos buenos en todas las áreas de la dirección administrativa. Ciertamente influiríamos en los votos de los miembros del club deportivo.

5. Mary vende productos para el cuidado del cutis y cosméticos.

Ella no tiene un certificado de cosmetología ni experiencia en bioquímica, pero quiere influir en las personas para que tengan cuidado de su piel. Mary decide convertirse en micro-experta en sustitutos del Botox.

A donde sea que vaya, sea cual sea la conversación, ella habla sobre las alternativas del Botox. Las personas asumen que es una experta en todas las áreas de los cosméticos. Tiene influencia cuando recomienda productos.

6. Remedios naturales contra el resfriado.

Cuando la temporada de resfriados se aproxima, muchas personas se enferman. Sollozando y sintiéndose miserables, quieren consejos sobre cómo lidiar con los síntomas y sentirse mejor. Si nos convertimos en expertos sobre remedios naturales contra resfriados, vendrán con nosotros. Y ahora, están más aptos para tomar nuestra guía sobre todos sus problemas de salud.

7. Consejero de tarjetas de crédito.

Con una hora de investigación semanal, nos mantenemos al día con las diferentes ofertas de tarjetas de crédito. Algunas tarjetas ofrecen puntos extras. Algunas ofrecen efectivo. Algunas tienen cuotas bajas o no tienen cuotas, mientras que otras tienen cuotas altas. Cuando alguien quiere una tarjeta de crédito, no quieren hacer toda esa investigación. Si somos conocidos como los expertos en tarjetas de crédito, ¿adivina a quién van a buscar para pedir consejo? ¿Y tomarán nuestra recomendación y guía? Sí.

Creamos nuestra influencia debido a que tenemos más información que ellos. Todo lo que debemos de hacer es hablar sobre la oferta de la tarjeta de crédito más reciente que va de acuerdo con sus necesidades. Las personas lo notarán. Cuando sea el momento de solicitar otra tarjeta de crédito, vendrán con nosotros para pedir consejo. ¿Y quién sabe? Quizá nuestra influencia se expandirá hacia otros consejos financieros.

La suposición humana.

Si somos expertos en una pequeña área, las personas asumen que tenemos experiencia en otras áreas. Esto no es verdad, pero es la realidad de cómo nos perciben las demás personas. Si queremos el respeto de los demás, una manera fácil de hacerlo es convertirnos en expertos en algo. Lo que sea.

Convertirnos en un micro-experto puede ser mejor que convertirnos en un experto general. Es más fácil de hacer, y es más fácil describir lo que hacemos.

Revisa algunos videos en Internet. Hay muchos micro-expertos con bases enormes de seguidores. Eso debería ser una pista para nosotros. Convertirnos en experto en algo nos ayuda a adquirir más influencia con los demás.

Cuando somos un micro-experto, tenemos una audiencia más pequeña. Pero tendremos más influencia con este pequeño nicho. Ellos querrán nuestra experiencia específica.

Piensa en ello de esta manera.

Cuando nuestra computadora se avería, ¿queremos una estrella famosa de las películas con una influencia masiva? O, queremos a un geek de computadoras con conocimiento especializado que sepa cómo hacer que nuestra computadora funcione de nuevo?

Obtendremos respeto e influencia como micro-expertos.

CREANDO INFLUENCIA: ESTRATEGIA #6.

Conviértete en un consejero de confianza.

Esto es diferente a un vendedor que intenta venderle a prospectos escépticos. Las personas esperan ansiosas el sabio consejo de un consejero confiable.

Si deseamos que los otros nos perciban como un consejero confiable, necesitamos dos cosas:

1. Confianza. En capítulos anteriores de este libro, aprendimos los básicos para obtener afinidad y confianza.

2. Consejos. Debido a que somos micro-expertos, nuestro consejo debe de ser mucho mejor que el consejo que nuestros escuchas pueden conseguir en cualquier parte.

¿Qué ocurre cuando nos convertimos en un consejero confiable?

No sólo las personas esperan ansiosas nuestros consejos, quieren tomar acción sobre ellos. Ellos tienden a no cuestionarnos o dudar. En lugar de eso, buscan dentro de ellos mismos y ven si ahora es el momento correcto para actuar sobre lo que hemos sugerido.

No debemos de batallar para vender nuestras ideas. Las personas se sienten bien con nuestras sugerencias.

¿Pero cómo conseguiremos el estatus de consejeros confiables con personas que no nos conocen?

Dile a las personas algo que no saben.

¿Qué tal si las personas no saben que somos un micro-experto? ¿O qué tal si todavía no somos un micro-experto? Cómo podemos crear una buena impresión en las personas para que nos depositen su respeto?

Los vendedores pueden impresionar a los compradores con datos, cifras, características, y beneficios. ¿Pero qué es lo que crea la mejor impresión?

Cuando un vendedor le dice al comprador sobre un problema que el comprador tiene, pero el comprador no se había dado cuenta de que el problema si quiera existía.

Estos vendedores parecen poseer un conocimiento superior. Este acto también muestra una preocupación por la situación del comprador al señalar un problema desconocido.

Cuando los vendedores hacen esto, crean respeto e influencia. Ahora pueden influir y guiar al comprador hacia mejores soluciones para sus problemas.

Algunos ejemplos.

Imagina que somos micro-expertos en agregar fibra a una dieta para ayudar a que las personas pierdan peso. Le decimos a nuestro amigo que algunos tipos de fibra pueden ser contraproducentes. Nuestro amigo se detiene y piensa, "Vaya, yo no sabía eso. Más vale que tome consejo de mi amigo, el experto. Quiero comprar el tipo correcto de fibra."

Imagina que somos micro-expertos en programas de lectura para niños. Podríamos decir, "La mayoría de los programas de aprendizaje acelerado le dan a nuestros hijos malos hábitos de lectura que les afectarán en el futuro. Este programa de lectura mejora los hábitos de comprensión de sus cerebros, y también les ayuda con la comprensión."

¿Qué es lo que los padres estarán pensando? "Wow, no queremos malos hábitos de lectura para nuestros hijos. Má vale que tomemos el consejo de este micro-experto."

¿Qué tal si somos micro-expertos en materiales de construcción? Podríamos decir, "Cuando estamos en busca del material correcto, también queremos estar al tanto de los efectos de la lluvia ácida en nuestra área." Bueno, si el comprador no había pensado sobre el factor de la lluvia ácida antes, ahora está impresionado. Incrementamos nuestra influencia.

Si nos convertimos en micro-expertos, sabremos cosas específicas que las personas deberían de buscar y de las cuales desconocen.

Para crear influencia más rápidamente, deberíamos hacer una lista de los problemas o frases que sorprenderán a nuestra audiencia. Cuando les decimos algo que no saben, ganamos la influencia que buscamos.

CREANDO INFLUENCIA: ESTRATEGIA #7.

Conviértete en celebridad.

¿Difícil de lograr? Bueno, alguien tiene que ser famoso. ¿Por qué no nosotros?

Quizá no nos convertimos en estrella de cine o estrella de rock, pero podríamos convertirnos en una celebridad en un nicho. ¿Qué nicho?

Cuando nos convertimos en un micro-experto, no habrá mucha competencia para ser una celebridad que todos conocen. Está bien, quizá nos convertimos en una micro-celebridad, pero aún así somos una celebridad.

Piensa en una celebridad de película.

Una celebridad se pone un par de jeans rasgados de diseñador. ¿Otras personas querrán seguir su ejemplo, tomar acción, y comprar costosos jeans rasgados? Sí.

¿Tiene influencia? Sí. ¿Se merece su influencia en el mercado de la ropa? Posiblemente no. Esta celebridad puede ser experta en la actuación, pero no experta en calidad textil ni confección o diseño de prendas de vestir.

Recuerda que si somos buenos en un área, las personas querrán asumir que somos buenos en otras áreas también.

El famoso atleta retirado.

Recibió 22 concusiones cerebrales durante su larga carrera. Ahora promueve un suplemento nutricional. ¿Otros atletas jóvenes comprarán este suplemento? Sí.

¿Este atleta retirado tiene influencia? Sí. ¿Esta influencia es merecida? Probablemente no. ¿Querríamos seguir el consejo nutricional o médico de alguien que ha sufrido 22 concusiones cerebrales? Suena ridículo. Pero, debido a que fue un grandioso atleta, asumimos que es un experto en otras áreas también. E influencia a otros para que prueben ese suplemento nutricional.

El político jubilado.

Promueve una bebida enlatada para ancianos. ¿Algunos jubilados tomarán su consejo y comprarán esta bebida de soda? Seguro. Pero, ¿este político jubilado es un experto en fórmulas químicas de bebidas de soda? Ni cerca.

Pero como los jubilados lo respetaban como político, respetan su sugerencia de una bebida de soda enlatada. Tiene influencia.

¡Pero no soy famoso en nada!

Podemos crear nuestra fama. Tengo una amiga que se llama Lisa.

Lisa se postula para un cargo público en su pequeño pueblo en cada elección. Nunca ha ganado. Y no creo que quiera ganar.

Pero sólo le cuesta unos pocos dólares registrarse como candidata, y obtiene publicidad gratuita cada campaña.

Incluso el diario la entrevista sobre cuántas veces se ha postulado como candidata.

Ahora, ¿quién es famosa en su pequeño pueblo? ¡Lisa!

Cuando habla con las personas sobre su negocio, todo mundo siente que ya la conoce. Es famosa.

Todo lo que le tomó son unos pocos dólares y unos pocos minutos para registrarse como candidata para las elecciones.

¿Podríamos crear nuestra fama al organizar una caridad local? ¿O coordinar un proyecto de alto perfil que requiera de un líder voluntario? Sí.

Con un poco de imaginación, podríamos ser micro-famosos en nuestro nicho de elección.

CREANDO INFLUENCIA:
ESTRATEGIA #8.

Usa frases de palabras que impresionen a nuestros escuchas.

Cuando podemos leer los pensamientos, impresionamos a nuestra audiencia. Esto nos da más influencia para nuestro mensaje. ¿Es difícil leer los pensamientos de alguien? De ningún modo. La mayoría de las personas piensan igual.

Imagina que hacemos una presentación a un grupo hostil. Ellos se recargan en el respaldo, cruzan los brazos, y nadie sonríe. ¡Rayos! Ya nos están prejuzgando, y no hemos llegado al podio todavía. Esto va a estar feo.

Lo primero que debemos de hacer es mover sus mentes de juzgarnos, y hacer que piensen en algo más. La mente consciente sólo puede entretener un pensamiento a la vez. Desafortunadamente, en este momento su pensamiento es, "Muy bien, bocón, ¿qué me quieres vender?"

Este no es un buen comienzo si queremos influir en las personas con nuestras ideas o llevarlos a la acción. Vamos a quitar su mente de nosotros, y dejar de ser juzgados, y llevarlos a pensar en algo más.

Comenzaremos nuestro discurso con el grupo con frases de apertura tales como:

1. "Probablemente estás pensando…" Después, todo lo que debemos de hacer es mencionar lo obvio. Podríamos decir, "Probablemente estás pensando, '¿Cuánto va a demorar esta junta?'" La audiencia pensará, "Sí. Eso es exactamente lo que estamos pensando. Tú nos entiendes. Pensamos igual. Escucharé lo que tienes que decir a continuación."

2. O, podríamos comenzar diciendo, "Si eres como la mayoría de los dueños de vivienda, te estás preguntando, '¿Cómo conseguiré el dinero para solucionar todos éstos problemas?'" Y ahora sus pensamientos están en el presupuesto, y no en juzgarnos.

3. O podemos comenzar diciendo, "La mayoría de las personas aquí esta noche han tomado una decisión de tomar acción en lugar de permanecer en casa y mirar televisión." Ahora nuestra audiencia previamente hostil y escéptica está pensando, "Sí, ese soy yo. Es por eso que vine esta noche."

4. O podemos comenzar diciendo, "Como muchos de ustedes ya saben, el presupuesto de la escuela no es suficiente para el flujo de estudiantes." Y ahora nuestra audiencia comienza a asentir con la cabeza en acuerdo.

Leer los pensamientos.

Al mencionar lo obvio, las personas piensan que tenemos habilidades de extraterrestre de alto nivel para leer la mente. Impresionados por nuestro super-poder, ganamos algo de influencia.

¿Pero qué tal si adivinamos mal? Puede suceder. Pero si mencionamos lo que pensamos que ellos piensan, muchas personas comenzarán a tener estos pensamientos de cualquier modo. De nuevo, acumulamos influencia para que las personas quieran escuchar y actuar sobre nuestro mensaje.

¿Los vendedores pueden usar ésta técnica también?

Por supuesto. Un simple ejemplo podría ser un vendedor diciendo esto a un comprador, "Si eres como la mayoría de los compradores, la primera pregunta en tu cabeza es, '¿Cuánto me va a costar esto?'" Esta oración de apertura incrementa la influencia del vendedor. Muestra que entiende al comprador, y los problemas del comprador.

Sólo toma un poco de empatía el imaginar lo que la otra persona está pensando. Si nos tomamos el tiempo de pensar, esto se hace fácil.

CREANDO INFLUENCIA: ESTRATEGIA #9.

Usa una presentación de ventas estructurada.

La influencia nos ayuda a guiar a las personas a mejores ideas y mejores soluciones. Mientras acumulamos más influencia, construimos una audiencia más receptiva.

Consideremos lo que las personas quieren. ¿Quieren hablar sobre cómo funcionará nuestra solución?

No. Es importante, pero no es lo que quieren. Nadie quiere realmente comprar una solución.

¿Y qué es lo que quieren las personas?

El resultado.

Quieren saber cómo serán las cosas en sus vidas cuando todo esté solucionado con nuestra solución propuesta.

Puesto que nuestra audiencia es impaciente, no deberíamos pasar mucho tiempo hablando sobre nuestra genial solución.

En lugar de eso, deberíamos pasar más tiempo hablando sobre el resultado que nuestra audiencia quiere.

Aquí está una guía para vender nuestras ideas a los demás.

Esta fórmula de ventas básica es fácil de seguir y de recordar cuando hablamos con los demás. No es la única fórmula de venta. Sin embargo, nos ayuda a enfocarnos en lo que quiere nuestra audiencia.

La fórmula de ventas.

1. Ésta es tu situación actual. Describe el problema para asegurarnos de que todos comprendemos el mismo problema. Queremos que nuestra audiencia esté de acuerdo en este problema. Esto ayuda a hacer la situación actual muy clara en su mente. No hay necesidad de proponer una solución cuando la audiencia no siente que tienen un problema.

2. Aquí está cómo quieres que sea tu futuro. Describe cómo sería la vida después de que este problema se solucione. Esto es lo que a nuestra audiencia le importa. Ven la película del resultado en sus mentes.

3. Aquí está cómo nuestra solución te ayudará a obtener el futuro que quieres. Cuando tenemos influencia, ésta parte de nuestra presentación será muy breve. Quieren que los guiemos rápidamente a través de la solución.

Vamos a hacer algunos ejemplos de estos tres pasos.

1. Nuestra piel se arruga rápidamente después de los 40. No se pondrá mejor por sí sola. De hecho, se pondrá peor.

2. Quieres que tu piel luzca joven y saludable durante toda tu vida.

3. Esta crema para el cutis protege tu piel de los efectos del envejecimiento. Simplemente aplícala en la mañana y en la noche.

Muy simple. Si tenemos influencia, no tendríamos que explicar los ingredientes de la crema para el cutis. Nuestro prospecto respetará nuestra guía debido a que tenemos influencia.

1. Los niveles de lectura de comprensión de nuestros hijos están cayendo. No queremos que tengan malas calificaciones. Si tienen malas calificaciones, no tendrán la educación ni las buenas oportunidades que necesitan en la vida.

2. Queremos buenas calificaciones para nuestros hijos. Así podrán calificar para las becas y hacer aplicaciones para ingresar a universidades y colegios prestigiosos. Ahora tendrán oportunidades geniales de trabajo después de su graduación.

3. Hice una investigación exhaustiva de los mejores 20 programas de lectura. Aquí está el programa de lectura que recomiendo que adopte nuestra mesa directiva escolar.

Somos el micro-experto. Nadie ha investigado detalladamente los mejores 20 programas de lectura. Establecimos nuestra credibilidad e influencia. La mesa directiva escolar quiere seguir nuestra guía.

Incluso podemos usar esta fórmula para las vacaciones familiares.

1. Ya sé que todos están muriendo de hambre. Pero, es muy tarde y pocos restaurantes están abiertos en este hotel.

2. Pero nadie se quiere ir a la cama con el estómago vacío. Estamos de vacaciones. Queremos disfrutar el tiempo.

3. Afortunadamente, entré a Internet antes de salir de casa. Hice una lista de los restaurantes que estarían abiertos después de nuestro registro por la noche. Aquí están los mejores tres restaurantes que elegí.

La familia piensa, "No tenemos idea de dónde ir para cenar. Pero estamos hambrientos. Tú puedes resolver este problema. Llévanos al restaurante de tu elección."

Vamos a desglosar esta fórmula y verla más a fondo.

Esta es una fórmula genial para usar debido a que es simple de recordar. Después, quizá queramos crear fórmulas más avanzadas, especialmente si estamos en la profesión de ventas. Pero por ahora, esto será mejor que el 99,9% de nuestros competidores. Hablar claramente en un patrón lógico impresiona a las personas.

Paso #1. Ésta es tu situación actual.

Describe el problema para asegurarnos que todos comprenden el mismo problema. Queremos estar de acuerdo en este problema.

Este paso es donde se hace el trabajo pesado. Cambiar requiere esfuerzo. Nadie quiere cambiar a menos que su nivel actual de dolor sea muy alto. Es fácil para los seres humanos tolerar bajos niveles de dolor y evitar el esfuerzo de solucionar su dolor. Aquí hay algunos ejemplos de esto.

A. La puerta que rechina. Sí, ya notamos que la puerta tiene un rechinido. ¿El problema se resolverá por sí solo? no. Pero podemos tolerar el ruido por ahora. Posponemos arreglar la puerta lo más posible.

B. El coche sucio. Sí, podríamos tomar tiempo de nuestro día ocupado para lavar nuestro coche. Pero todavía no luce tan mal. Esperaremos hasta que el coche esté tan sucio que nos avergüence conducir de día. Tenemos tantas otras tareas que sentimos que son más importantes.

C. Esa torre de papeleo en la oficina. Es un trabajo aburrido organizar todo ese papeleo. ¿Qué es lo que hacemos? Lo dejamos para después. Lo posponemos hasta que no hay más espacio en nuestro escritorio. O, lo posponemos hasta que el jefe nos pregunta si ya hemos terminado con el papeleo. No terminar la tarea puede ser doloroso, dependiendo de la actitud de nuestro jefe.

D. Limpiar y organizar nuestra oficina en casa. Sí, a veces no podemos encontrar lo que buscamos. Pero todavía no es tan malo. Para nosotros, se sentiría peor pasar horas organizando, almacenando y acomodando todo. ¿Entonces qué hacemos? Seguimos apilando notas, papeles, bebidas, y artículos al azar en nuestra oficina en casa.

E. La esquina de nuestra casa necesita una mano de pintura. Sí, sólo se está pelando un poco, pero sacar la escalera, comprar una lata de pintura, y pasar medio fin de semana pintando la esquina de nuestra casa no suena como algo muy divertido. ¿Por qué no esperar algunos meses más hasta que más áreas de la casa necesiten pintura? Así el esfuerzo parece razonable. Esperaremos hasta que el problema sea mucho peor antes de tomar acción para solucionarlo.

F. El lunar en nuestra espalda. Cuando es pequeño, no hay problema. No nos preocupamos por ello. Seguro, podríamos sacar una cita con el dermatólogo para que lo revise. Pero significaría luchar contra el tráfico al cruzar la ciudad, pedir permiso en el trabajo, y el lunar no se siente muy incómodo. Como la mayoría de los humanos, ignoraremos el problema.

Como podemos ver, a menos que el problema cree más dolor que el esfuerzo necesario para resolverlo, el problema persistirá.

Vamos a agregar algo de dolor a dichos problemas.

A. La puerta que rechina. Hace ruido, y luce como si no nos importara nuestra casa. Nuestros suegros estarán de visita el fin de semana. Queremos impresionarlos, y no queremos que piensen que no cuidamos nuestra casa. Así que decidimos que hoy sería un día grandioso para solucionar esa puerta que rechina.

B. El coche sucio. La recepcionista le dice al doctor, "Su coche está muy sucio. No sólo luce terrible, sino que refleja el trabajo de nuestra clínica. Las personas podrían pensar que no nos lavamos las manos entre cada paciente." El doctor decide que ahora es un muy buen momento para organizar una visita al autobaño.

C. Esa torre de papeleo en la oficina. El viernes, tendremos nuestra evaluación anual en el trabajo. No conseguir un aumento este año sería desastroso. Como no deseamos lucir como un empleado apático, ansiosamente revisamos y archivamos cada papel sobre nuestro escritorio.

D. Limpiar y organizar nuestra oficina en casa. Es muy agradable tener un espacio de trabajo en nuestra casa. Pero ahora luce más como una bodega de ropa, equipo deportivo, calzado y la ocasional caja vacía de pizza. Es temporada de impuestos. No podemos encontrar nuestros recibos ni facturas. En pánico, comenzamos a limpiar y organizar nuestra oficina en un frenesí.

E. La esquina de nuestra casa necesita una mano de pintura. Durante la junta de la asociación de colonos en nuestro vecindario, un vecino nos dice que tenemos pintura pelada en la esquina de nuestra casa. Luego, nuestro vecino dice, "Yo tuve el mismo problema. No pinté la esquina de mi casa de inmediato, y mi casa se infestó con termitas. Nos costó más de $25,000 en reparaciones antes de que pudiéramos eliminar a las termitas. Eso nos salió en mucho dinero." Al regresar de la junta de colonos, sacamos la escalera, una lata de pintura, una brocha, y estamos en una misión de mantenimiento de nuestra casa.

F. El lunar en nuestra espalda. No es un problema muy grande, así que lo ignoramos. Luego, un día, el lunar se inflama y toda nuestra espalda se siente como en llamas. ¿Sentimos la motivación de visitar al dermatólogo? Por supuesto que la sentimos.

Describir problemas clara y dramáticamente no es suficiente. Debe de haber motivación para que las personas inviertan y se esfuercen en cambiar. Nuestra audiencia necesita estar al tanto del problema, y debemos elevar su nivel de incomodidad. Queremos que el nivel de dolor por mantener el problema supere su deseo de no cambiar.

Debe de haber motivación para tomar acción.

El primer paso es el más difícil. Nosotros describimos claramente la situación actual, luego agregamos suficiente dolor para estimular la acción. Este paso es el que más tiempo toma. Pero si hacemos bien el Paso #1, el resto se hace fácil.

Paso #2. Aquí está cómo quieres que sea tu futuro.

Describe la situación después de que el problema sea resuelto. Esto es lo que a nuestros prospectos les importa más.

Paso #2, cómo quieren que sea el futuro, es fácil. Todo lo que debemos de hacer es mentalmente llevarlos al futuro. Luego describiremos la vida sin ese problema.

Este paso es divertido. Le ayudamos a las personas a visualizar un mejor futuro sin el dolor de este problema. ¿Cómo sabremos cómo luce ese futuro para ellos? Bien, podríamos preguntar.

Podría ser tan fácil como decir, "¿Y cómo se vería la vida si no tuvieses este problema?" O, "Si pudieras deshacerte de este problema, ¿qué te gustaría que ocurriera después?"

Los humanos tienen imaginación. Es fácil para nosotros pensar en un mejor futuro. Si somos buenos escuchando y hacemos las preguntas correctas, las personas nos dirán exactamente cómo quieren que luzca su futuro.

Luego, repetiremos este futuro de vuelta para que sea muy claro en sus mentes.

Una genial manera de hacer esto es con historias. Las historias atraviesan los filtros de negatividad que tenemos como seres humanos. Las historias nos ayudan a desactivar la alarma contra vendedores, el filtro demasiado-bueno-para-ser-verdad, el programa cuál-es-el-truco, la negatividad, el escepticismo, etc.

Aquí hay historias sobre el futuro de nuestros seis ejemplos.

A. "Una vez que hayamos arreglado el ruido de la puerta, todo lucirá genial. Cuando los suegros entren a nuestra casa, tendrán una sonrisa. Cuando vean qué tan linda luce nuestra casa, pensarán que tenemos los cinco niños mejor portados de toda la ciudad. No puedo esperar a que lleguen."

B. "Con los coches limpios, cuando nuestros pacientes vengan, tendrán la confianza de que prestamos mucha atención a los detalles. Querrán ser nuestros pacientes. Y nosotros nos sentiremos bien con cómo luce nuestro consultorio."

C. "Cuando vayas a pedir un aumento, relucirás con seguridad. No tendrás una cola de trabajo ni asuntos pendientes. Lucirás como el empleado ideal que toma responsabilidad."

D. "Con una oficina limpia, terminar nuestros impuestos será un gusto. No perderemos tiempo buscando recibos. No habrá frustración, y tendremos un sentimiento de logro por el resto del año."

E. "Queremos que nuestra casa luzca genial para que podamos sentirnos orgullosos de vivir en este vecindario. Además, mantendremos alejadas a las termitas. Así nos podremos relajar y disfrutaremos de la vida sin las preocupaciones de esa esquina sin pintura de la casa."

F. "Una vez que la Dra. Alice revise este lunar, te dará una pequeña inyección contra el dolor y lo removerá de inmediato. Regresarás sintiéndote mejor. No más preocupaciones de que pueda ser algo serio. Estarás de vuelta mirando tus programas favoritos sin ningún dolor que te distraiga."

¿El resultado final? Haz que el futuro sin el problema luzca brillante.

Paso #3. Aquí está cómo nuestra solución te ayudará a obtener el futuro que quieres.

"Hagamos esto ahora…" es una manera genial de introducir la solución. No dijimos que nosotros personalmente haremos todo para solucionar el problema. Los involucraremos en el proceso. No se siente como que les estemos diciendo qué hacer.

Pensemos en las personas que estamos tratando de influenciar en este momento.

Primero, saben que tienen un problema. Este problema es doloroso y quieren resolverlo. Tienen la motivación de salir adelante. Nos aseguramos de que esto estuviera en su lugar antes de continuar con nuestra presentación.

Segundo, ellos ven claramente que la vida será mejor si resuelven el problema. Si hay dudas en su mente de que el problema no puede resolverse, no te preocupes. Removemos esa duda ahora. Las personas frecuentemente saben a dónde quieren ir, pero no saben cómo llegar ahí. Si tenemos influencia, ellos sienten el alivio de que tenemos un plan para llegar.

Explicamos el problema y la solución claramente. Esto nos da influencia. El paso final es rápido y fácil. Todo lo que debemos de hacer ahora es mostrarles una manera de resolver el problema que les consiga el futuro que desean. Veamos algunos ejemplos.

A. "Hagamos esto ahora. Iré a la ferretería, le preguntaré a uno de los profesionales de ahí si necesito comprar un aceite lubricante económico o si necesito comprar una bisagra nueva.

De cualquier modo, regresaré a casa con lo que necesito para arreglar esta puerta que rechina. Esto no debe de tomar mucho tiempo."

B. "Hagamos esto ahora. Tienes pacientes con citas por el resto del día. Le haré una llamada a ese chico de la secundaria que viene a los negocios a lavar los coches de las personas ocupadas. Le pediré que venga tan pronto como salga de clases. Y le pediré que venga cada semana. Hecho."

C. "Hagamos esto ahora. Esa montaña de papeles en tu escritorio luce horrible. Si entre ambos trabajamos en ella, la terminaremos en dos días. Esto me retrasa con mis proyectos personales, pero me puedes ayudar después de que tengas tu evaluación anual y te den tu gran aumento."

D. "No puedo ni organizar el abecedario. Pero tu amiga Sandy en la oficina es la mejor organizadora del mundo. Vamos a llamarla. Si ella organiza cosas en archivos, yo puedo continuar desde ahí. Vamos a llamar a Sandy ahora. Me ofreceré para cuidar su jardín cuando su esposo esté de viaje por tres semanas por su negocio. Así podremos tener los impuestos listos en tiempo récord."

E. "Hagamos esto ahora. Llama a mi cuñado. Él tiene una escalera y es bueno con trabajos manuales. Pídele que traiga su escalera el sábado por la mañana, que nos ayude a pintar la esquina de la casa, y lo enviaré de regreso con una caja de cerveza. ¿Qué tal suena eso?"

F. "Déjame llamar a la Dra. Alice para sacar una cita de emergencia para mañana. Así nunca más tendremos que lidiar con este asunto del lunar en la espalda jamás."

Como seres humanos, tenemos millones de fragmentos de información bombardeando nuestra mente cada segundo. No podemos prestar atención a todo. Nuestra mente subconsciente toma decisiones por nosotros. Esta fórmula de venta suena genial para nuestra mente subconsciente.

En esta presentación de tres pasos, la mayoría de las personas piensan, "Sí, yo tengo ese problema. Sí, sería genial vivir sin ese problema. Parece que tú tienes una solución y todo está resuelto. Y, ¡vaya! Lo presentaste todo de manera tan profesional, sin dudarlo. Tienes un super-poder. No necesito desperdiciar mi energía mental en esto. Déjame usar mi limitado poder mental para enfocarme en otros asuntos. Me siento bien ahora y respeto que resolverás todo esto."

Creamos afinidad con las personas. Luego proponemos una solución con esta presentación de tres pasos. Ellos ahora sienten que todo está bien y que estamos a cargo.

Tenemos influencia.

CREANDO INFLUENCIA: ESTRATEGIA #10.

Empatía.

Como seres humanos, la supervivencia es nuestro programa #1.

No queremos morir. Nos protegemos a nosotros mismos. Pensamos en nosotros mismos primero.

Sí, los seres humanos son egoístas. Lo que queremos, nuestras necesidades y problemas dominan nuestro pensamiento. Pensamos en nosotros durante todo el día.

Cuando hablamos con personas, ¿en quién piensan primero? En ellos mismos. Definitivamente no en nosotros. Y ciertamente no en nuestras ideas o mensajes. Veamos algunos pensamientos típicos.

El funeral.

Un buen amigo nos llama un día y dice, "Mi esposa acaba de morir. El funeral será el jueves."

¿Qué reacción viene a nuestra mente primero? Nuestro calendario de compromisos. Pensamos, "Oh no. Tengo que mover mi partido de golf y mi cita con el podólogo."

No deberíamos de sentirnos mal. Nuestro programa de supervivencia toma el control antes de que tengamos oportunidad de pensar correctamente. Después de unos pocos segundos, nuestros modales llegan a la escena. Le damos nuestras condolencias y mencionamos lo mal que nos sentimos.

La fiesta.

En una fiesta, nos presentamos y decimos, "Hola, mi nombre es Chris. ¿Cuál es el tuyo?"

Nuestro interlocutor responde, "¿Tu nombre es Chris? Chris comienza con la letras 'C' y mi compañía comienza con la letra 'C.' Déjame contarte sobre mi compañía y nuestros productos."

Grrr. Una noche social arruinada por un vendedor egocéntrico que quiere vender a como de lugar.

Al vendedor no le importamos nosotros ni nuestro nombre. El vendedor ignoró todo y sólo buscó una ventana para arrojar su presentación de venta.

El obsequio.

Johnny y Cathy reciben una sorpresa de la Abuela. Johnny mira el obsequio de Cathy y se queja, "¡El obsequio de Cathy es más grande que el mío! ¡No es justo! ¡Mi obsequio debería ser más grande!"

Johnny no está pensando en la Abuela ni en Cathy. La preocupación de Johnny es conseguir más para sí mismo.

"¿Y qué gano yo?"

Los eventos son neutrales. No podemos controlar la mayoría de los eventos.

Sin embargo, podemos controlar nuestras reacciones ante los eventos. Determinamos nuestros sentimientos hacia los eventos. Considera los siguientes eventos. ¿Podemos imaginar dos reacciones completamente diferentes ante estos eventos?

- Un partido de fútbol.
- La noticia de que nuestra mejor amiga se comprometió en matrimonio.
- El resultado de las elecciones presidenciales.
- El anuncio del ganador de un Emmy.
- Un accidente automovilístico.
- Un discurso político.

En cada ejemplo, algunas personas estarán felices, otras estarán tristes. El mismo evento. Dos reacciones diferentes.

Interpretamos los eventos basados en nuestra situación y nuestro punto de vista del mundo. No importa lo que ocurra, instintivamente pensamos, "¿Y qué gano yo? ¿Cómo me afecta esto?"

Puntos de vista en conflicto.

Por ejemplo, un grupo de dueños de vivienda se reúne. Quieren crear un pequeño parque de juegos para los niños. Pero cada uno piensa primero en cómo le afectará este parque. Un dueño de vivienda podría pensar esto:

"Este parque será genial para los chicos. Dejarán de jugar en la calle y así no tendré que conducir tan despacio en el vecindario. Detesto cuando juegan con el balón en la calle y golpean mi auto. Y si el parque luce bien, puede aumentar la plusvalía de mi casa."

Otro podría pensar diferente:

"Yo no tengo hijos. ¿Por qué tengo que pagar por un parque que no voy a usar? ¿Por qué no los demás dueños de viviendas que tienen hijos pagan por ese parque? Ya pago demasiados impuestos."

¿Otro ejemplo?

Queremos una semana laboral de cuatro días. Nuestro tiempo en el tráfico es brutal. Para hacer esto, proponemos en nuestra oficina, "En lugar de un día laboral de ocho horas, vamos a trabajar más duro diez horas por día. Así, podríamos trabajar cuatro días por semana, y tener fines de semana de tres días. ¡Sí!"

¿Quién estaría en contra de esta fenomenal propuesta? Menos días sentados en el tráfico de camino al trabajo. Fines de semana de tres días con la familia. Una manera más relajada de vivir.

Este es nuestro punto de vista basados en nuestra situación actual. Pero, ¿qué podrían pensar otros?

Mary dice, "Eso jamás funcionaría. Tendría que pagar horas extra en el jardín de niños. Y ellos no abren tan tarde."

John dice, "¿Trabajar más duro? ¿Diez horas por día? Ya me cansé antes de las doce del día. Yo no puedo hacer eso."

El jefe dice, "Tenemos que abrir cinco días por semana para nuestros clientes. Incluso si movemos los días de descanso, no tendríamos suficiente personal para atender a nuestros mejores clientes."

Y entonces nuestra genial idea muere en las manos de personas egoístas, quienes sólo piensan en ellos mismos.

Empatía.

Queremos desarrollar empatía para aumentar nuestra influencia.

La empatía es la habilidad de comprender cómo otras personas se sienten. No tenemos que estar de acuerdo con sus sentimientos ni creer lo que ellos creen. Nosotros simplemente experimentamos sus sentimientos en nuestra imaginación para que podamos entenderlos.

Las personas ruegan por ser escuchadas. Nadie los escucha. Sus hijos no los escuchan, sus amigos no los escuchan, incluso su jefe no los escucha.

Si escuchamos a las personas, sentirán que los entendemos. Esto nos ayuda a comunicar nuestro mensaje. Si las personas no sienten que los entendemos, crean barreras de resistencia. Nuestro mensaje ahora cae en oídos sordos.

La empatía es un trabajo duro.

Es fácil verlo todo desde nuestro punto de vista. No se requiere esfuerzo.

Es más difícil verlo todo desde el punto de vista de los demás.

Como tan pocas personas intentan tener empatía, las personas toman nota cuando alguien lo hace. Y ese "alguien" podríamos ser nosotros.

¿Que sucede cuando comprendemos los problemas, puntos de vista, y circunstancias de otras personas?

Nuestras posibilidades de influir aumentan. Demasiado. Los demás notan instantáneamente nuestra tolerancia ante puntos de vista diferentes. Se sienten seguros de que sus puntos de vista y creencias son escuchadas y respetadas.

Decisiones idiotas e irracionales.

¿Alguna vez miramos a otras personas y nos preguntamos, "¿Pero en qué estaban pensando?" Algunas veces, las acciones de los demás no tienen sentido en la lógica de nuestro mundo.

Cuando las personas toman decisiones estúpidas e irracionales, debemos recordar que estas decisiones son racionales e inteligentes desde su punto de vista. Y ahora comienza el esfuerzo de comprender sus puntos de vista.

Nadie toma malas decisiones intencionalmente. Tomamos decisiones basados en los datos que tenemos en el momento, y en nuestro punto de vista del mundo.

Previamente vimos los puntos de vista encontrados de los dueños de vivienda respecto a la construcción del parque. Vimos los puntos de vista encontrados sobre una semana laboral de cuatro días.

Vamos a usar nuestra empatía para reconocer los puntos de vista de los demás, y veamos cómo el reconocimiento nos da más influencia y oportunidad de moldear su decisión final.

La historia de fondo.

¿La manera más fácil de desarrollar empatía? Pide la historia de fondo. Esto nos ayuda a comprender el camino de vida de las demás personas.

Si estamos en una cita, ¿no nos gustaría conocer la historia de fondo de nuestra pareja en la cita? Por supuesto. Esto nos ayuda a comprender los valores y visión del mundo de nuestra cita. Nuestra historia de fondo influye en nuestro futuro.

Por ejemplo, en la primera cita, la mujer le pregunta al hombre, "Dices que no has salido con nadie en los últimos cinco años. ¿Por qué es eso?"

El hombre responde, "Bien, mi sentencia era de originalmente 15 años, pero la redujeron por que la prisión estaba sobrepoblada."

Y luego el hombre le pregunta a la mujer, "Eres muy atractiva. No me imagino cómo estás soltera. ¿Por qué no tienes esposo?"

La mujer responde, "Bueno, mis últimos cuatro esposos murieron misteriosamente justo después de que compraron su seguro de vida. Así que estoy soltera por lo pronto."

Una vez que conocemos la historia de fondo de alguien, podemos apreciar sus decisiones. Si su historia de fondo es radicalmente diferente a la nuestra, entonces podríamos esperar que tomen decisiones radicalmente diferentes.

Recuerda, no tenemos que estar de acuerdo con su visión del mundo. Sin embargo, deberíamos apreciar su visión del mundo debido a que su pasado fue diferente.

El miedo al cambio.

Cuando hacemos sugerencias o tratamos de influir sobre otros con nuestras ideas, ¿qué es lo que piensan? ¿Por que parece que los demás se resisten tanto al cambio?

Aquí hay algunos de sus pensamientos cuando presentamos algo nuevo.

"¿Por qué debería de cambiar? No sé lo que ocurrirá después."

"Si hago esto, ¿otros pensarán que soy un tonto?"

"¿Esta es la mejor opción? Déjame esperar para ver si hay otras opciones."

"¿Esto está garantizado? ¿Qué tal si no funciona?"

"¿No estaría más seguro si permanezco como estoy?"

"¿Qué pensará mi esposa?"

"¿No suena demasiado bueno para ser verdad? ¿No debería estar un poco escéptico?"

"¿Esta persona está tratando de engañarme?"

"¿Qué pasa si este cambio sale totalmente mal?"

"¿Luciré como un idiota cuando trate de explicar esto con mis amigos?"

Nuestro programa de supervivencia nos dice que permanezcamos a salvo. Evitar el cambio es una estrategia de seguridad. Con estas preguntas en mente, ahora podemos apreciar los raros puntos de vista de las otras personas.

Aquí está un ejemplo de apreciar los puntos de vista de alguien.

La compra de laptop.

Yo analizo las laptops basándome en las especificaciones de memoria, poder de procesamiento, velocidad, y funcionalidad. Aún así, mi amigo elige una laptop basado en qué tan fresco lucirá cuando la esté usando. Él considera su laptop como un reflejo de su estilo de vida.

Yo necesito mucha empatía, y morderme la lengua, al ver cómo él compra sus laptops. Pero debido a que no juzgo a mi amigo basándome en mis especificaciones lógicas, mi amigo me otorga influencia. Mi amigo me permite hacer sugerencias sutiles sobre sus decisiones de compra. ¿Por qué? Debido a que él sabe que yo entiendo que él quiere algo que luzca suave y vistoso cuando la lleve por ahí.

¿Qué sería lo peor que podría hacer yo para arruinar cualquier posibilidad de influencia? Adivinaste, estar en desacuerdo con su visión del mundo.

Entrar en desacuerdo levanta barreras de resistencia. Señalar los errores lo hace peor. ¿Criticar sus sentimientos? Oh vaya, vamos por un muy mal camino ahora. La comunicación se detiene.

No es una buena idea estar en desacuerdo con la visión del mundo de alguien más. Las personas obtienen sus puntos de vista honestamente de sus experiencias personales. Deberíamos de respetar esto.

Podemos crear más influencia simplemente escuchando mejor. Las personas sentirán que los comprendemos, sólo haremos sugerencias basados en sus puntos de vista respecto al mundo.

¿Cómo hacemos que las personas sientan que los comprendemos? Al estar de acuerdo con sus afirmaciones. Cuando nos cuentan sobre sus problemas, sus sueños, y sus motivaciones, simplemente asentir con nuestra cabeza puede ser suficiente para crear influencia. A las personas les agradan las personas que están de acuerdo con ellas. Sienten que los estamos escuchando.

¿Recuerdas a los propietarios de viviendas que querían construir un parque para los niños?

Usemos nuestra empatía para reconocer los puntos de vista encontrados. Puesto que comprendemos que las personas toman decisiones egoístas, mostraremos que los entendemos al incluir sus puntos de vista en nuestra propuesta. Podría sonar algo como esto.

"Propongo que convirtamos el lote vacío de la esquina en un parque para los niños. Esto le costará a cada propietario sólo unos pocos dólares para algo de equipo básico. Yo sé que los vecinos con niños están todos a favor de esta idea. Pero, ¿qué tal los vecinos que no tienen hijos? ¿Por qué ésta propuesta sería buena para ellos? Primero, sacamos a los niños de las calles para que no tengas que conducir tan despacio al salir y llegar al vecindario. Segundo, detestas cuando los chicos juegan con el balón en la calle y golpean tu coche. Y finalmente, con sólo unos pocos dólares invertidos en algo de equipo básico, convertimos un lote vacío en un parque para niños. Esto incrementará el valor de las casas de todos. Y nos importa la plusvalía de nuestro vecindario."

Ahora los propietarios en desacuerdo se sienten escuchados. Saben que consideramos su visión del mundo. ¿Nuestra propuesta pasará? No lo sabemos. Pero ahora tenemos una mejor probabilidad que antes. Usamos nuestra influencia, adquirida a través de la empatía, para influir en las decisiones de los propietarios en desacuerdo.

¿Qué hay de esa semana laboral de cuatro días?

Mary no podía conseguir dónde dejar a sus hijos. John estaba exhausto para el mediodía y no podía tolerar más trabajo. Y al jefe le preocupaba, "No podemos operar cinco días por semana si todos se toman libre los viernes."

Bueno, todos están en nuestra contra con esta propuesta. Debemos de incrementar nuestra influencia. ¿Cómo? Reconociendo los puntos de vista en conflicto. Las personas quieren ser escuchadas. Así que tal vez ajustemos ligeramente nuestra propuesta.

"Propongo horarios flexibles para nuestra oficina. Trabajando 45 minutos extras todos los días, todos podrían tomar un día libre cada dos semanas. Yo sé que Mary se preocupa por sus niños en la guardería. Pero la guardería sigue abierta si sólo trabajamos 45 minutos más. Y para Mary, un día entero libre cada dos semanas significa que puede ir de compras entre semana, en lugar de pelear contra las masas de los domingos.

Para John, un día entero libre cada dos semanas significa un día completo en casa para descansar y recuperarse del trabajo. ¿No sería una pausa bien recibida? Y John, sugeriría los miércoles como los días libres. Hace que la semana laboral sea mucho más tranquila.

Y yo sé que al jefe le preocupa la presencia de un personal completo para dar servicio a los clientes. Bueno, si todos nos aseguramos de tomar días diferentes, nuestra oficina sólo tendría una persona menos por día. Eso es igual que cuando alguien se enferma. Pero las buenas noticias son que todos podrían usar su día libre para hacer sus cosas personales, ir al doctor o al dentista, y nadie tendría que pedir permiso para faltar. Todos estaríamos más felices."

Ahora, ¿nuestra propuesta pasará? Tal vez. Pero por lo menos tenemos una mejor posibilidad. Desactivamos la resistencia natural de los demás al usar la empatía para atender sus preocupaciones.

La empatía incrementa nuestra influencia.

Las personas quieren saber que las entendemos y que vemos sus puntos de vista. Para ser efectivos cuando presentamos ideas y propuestas nuevas, ésta debería ser nuestra meta:

"Hablar menos sobre nuestra propuesta, y hablar más sobre cómo nuestra propuesta los afecta."

Cuando hacemos esto, creamos influencia y respeto. Ahora los demás nos escucharán.

CREEMOS MÁS INFLUENCIA.

Ahora tenemos una elección.

En lugar de que nuestra opinión sea ignorada, podemos influenciar a las personas con nuestras ideas.

En lugar de sentirnos como una florecita, pasar desapercibidos, y confundirnos con el fondo, podemos tener confianza al ser voluntarios de nuevas ideas y propuestas que cambiarán las vidas de las personas.

En lugar de sentirnos frustrados por que otros se resisten a nuestras grandiosas sugerencias, ahora podemos presentar nuestras sugerencias con las mejores posibilidades de éxito.

Tener influencia se siente genial. Ahora podemos marcar la diferencia.

AGRADECIMIENTO.

Gracias por adquirir y leer este libro. Esperamos que hayas encontrado algunas ideas que te servirán.

Antes de que te vayas, ¿estaría bien si te pedimos un pequeño favor? ¿Tomarías sólo un minuto para dejar una frase o dos como comentario en línea de este libro? Tu opinión puede ayudar a otros a elegir qué leer a continuación. Sería de gran ayuda para muchos otros lectores.

Viajo por el mundo más de 240 días al año.
Envíame un correo si quisieras que hiciera
un taller "en vivo" en tu área.

→ BigAlSeminars.com ←

¡OBSEQUIO GRATIS!

¡Descarga ya tu libro gratuito!

Perfecto para nuevos distribuidores. Perfecto para
distribuidores actuales que quieren aprender más.

→ BigAlBooks.com/freespanish ←

Otros geniales libros de Big Al están disponibles en:

→ BigAlBooks.com/spanish ←

MÁS LIBROS EN ESPAÑOL

BigAlBooks.com/Spanish

¿Por Qué Mis Metas No Funcionan?
Establecer objetivos que funcionen para nosotros es fácil cuando tenemos pautas y una lista de verificación.

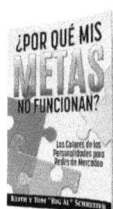

La Historia de Dos Minutos para Redes de Mercadeo
Los prospectos disfrutan de historias cortas. Contar historias reduce nuestros niveles de estrés debido a que las historias son fáciles de recordar.

Guía de Inicio Rápido para Redes de Mercadeo
¿Te paraliza el miedo? ¿No puedes comenzar? ¡Nunca más!

Pre-Cierres para Redes de Mercadeo
Decisiones de "Sí" Antes de la Presentación

Cierres para Redes de Mercadeo
Cómo Hacer que los Prospectos Crucen la Línea Final.

Los Cuatro Colores de Las Personalidades para MLM
El Lenguaje Secreto para Redes de Mercadeo

Cómo Construir Tu Negocio de Redes de Mercadeo en 15 Minutos al Día

La Presentación de Un Minuto
Explica Tu Negocio de Redes de Mercadeo Como un Profesional

Ventas al por Menor para Redes de Mercadeo
Cómo Conseguir Nuevos Clientes para Tu Negocio en MLM

Motivación. Acción. Resultados.
Cómo Los Líderes En Redes De Mercadeo Mueven A Sus Equipos

51 Maneras Y Lugares Para Patrocinar Nuevos Distribuidores
Descubre Prospectos Calificados Para Tu Negocio De Redes De Mercadeo

Rompe El Hielo
Cómo Hacer Que Tus Prospectos Rueguen Por una
Presentación

**¡Cómo Obtener Seguridad, Confianza,
Influencia Y Afinidad Al Instante!**
13 Maneras De Crear Mentes Abiertas
Hablándole A La Mente Subconsciente

Primeras Frases Para Redes De Mercadeo
Cómo Rápidamente Poner A Los Prospectos
De Tu Lado

La Magia De Hablar En Público
Éxito Y Confianza En Los Primeros 20
Segundos

MLM de Big Al la Magia de Patrocinar
Cómo Construir un Equipo de Redes de
Mercadeo Rápidamente

**Cómo Prospectar, Vender Y Construir Tu
Negocio De Redes De Mercadeo Con
Historias**

Cómo Construir LÍDERES En Redes De Mercadeo Volumen Uno
Creación Paso A Paso De Profesionales En MLM

Cómo Construir Líderes En Redes De Mercadeo Volumen Dos
Actividades Y Lecciones Para Líderes de MLM

Cómo Hacer Seguimiento Con Tus Prospectos Para Redes De Mercadeo
Convierte un "Ahora no" En un "¡Ahora mismo!"

COMENTARIO DEL TRADUCTOR

Ha sido un placer para mí traducir este libro para los lectores en español. *Crea Influencia*, hace que construir tu negocio sea más rápido. Me ofrecí para traducir este libro ya que las ideas aquí mostradas han funcionado tan bien para mí, que deseaba compartirlos con otros.

Todas las ideas y conceptos de este libro han sido probados por miles de empresarios de redes de mercadeo alrededor del mundo. Conoce y aplica los métodos más simples y efectivos para influir en las personas y ayudarles a conseguir un cambio duradero en su vida, para mejor.

Así que deja atrás la frustración, el rechazo, el miedo, las dudas y la desesperación. Simplemente usa estos consejos para que tú y tu equipo puedan avanzar dejando detrás de sí un camino de transformación admirable.

Gracias por soltar viejos patrones de pensamiento y creer que hay una nueva manera de construir tu negocio de redes de mercadeo en menos tiempo, sólo aprende nuevas habilidades para construir un negocio estable, divertido y redituable de la manera correcta.

Deseo grandes cheques para ti y tus socios.

–Alejandro G.

SOBRE LOS AUTORES

Keith Schreiter tiene más de 20 años de experiencia en redes de mercadeo y multinivel. Keith le muestra a los empresarios de redes de mercadeo cómo usar sistemas simples para construir un negocio estable y en expansión.

¿Necesitas más prospectos? ¿Necesitas que tus prospectos se comprometan en lugar de estancarse? ¿Quieres saber cómo enganchar y mantener activo a tu grupo? Si éste es el tipo de habilidades que te gustaría dominar, te encantará su estilo de cómo hacerlo.

Keith imparte conferencias y entrenamientos en Estados Unidos, Canadá y Europa.

Tom "Big Al" Schreiter tiene más de 40 años de experiencia en redes de mercadeo y multinivel. Es el autor de la serie original de libros de entrenamiento "Big Al" a finales de la década de los 70s, continúa dando conferencias en más de 80 países sobre cómo usar las palabras exactas y frases para lograr que los prospectos abran su mente y digan "SI".

Su pasión es la comercialización de ideas, campañas de comercialización y cómo hablar a la mente subconsciente con métodos prácticos y simplificados. Siempre está en busca de casos de estudio de campañas de comercialización exitosas para sacar valiosas y útiles lecciones.

Como autor de numerosos audios de entrenamiento, Tom es un orador favorito en convenciones de varias compañías y eventos regionales.

www.ingramcontent.com/pod-product-compliance
Lightning Source LLC
Chambersburg PA
CBHW071712210326
41597CB00017B/2448